金师起点·超级讲师精品书系

陈宇明◎著

中国财富出版社

图书在版编目（CIP）数据

完美执行：培养员工执行力／陈宇明著．—北京：中国财富出版社，2014.9

（金师起点·超级讲师精品书系）

ISBN 978－7－5047－5350－2

Ⅰ．①完… Ⅱ．①陈… Ⅲ．①企业管理—职工培训 Ⅳ．①F272.92

中国版本图书馆CIP数据核字（2014）第197891号

策划编辑 刘天一　　**责任印制** 何崇杭

责任编辑 张冬梅　宋宪玲　　**责任校对** 梁　凡

出版发行 中国财富出版社

社　址 北京市丰台区南四环西路188号5区20楼　**邮政编码** 100070

电　话 010－52227568（发行部）　010－52227588转307（总编室）

010－68589540（读者服务部）　010－52227588转305（质检部）

网　址 http://www.cfpress.com.cn

经　销 新华书店

印　刷 北京京都六环印刷厂

书　号 ISBN 978－7－5047－5350－2/F·2215

开　本 710mm×1000mm　1/16　**版　次** 2014年9月第1版

印　张 13　**印　次** 2014年9月第1次印刷

字　数 156千字　**定　价** 32.00元

序言　完美的执行力

很多人会认为，团队成员一旦具有“缺我不可”的思想，就会走向“个人主义”，不再重视团队的合作，甚至摧毁团队合作的文化。实际上，“缺我不可”的思想并不会导致个人主义。因为在团队里面，成员的职责非常清晰，而且依赖性和合作性非常紧密，任何一个人想要脱离团队单独行动，都难以获得成功。

所以在团队里面，“缺我不可”的思想只可能让成员感到更大的压力，并让他们意识到如果自己不努力把该做的工作做好，是没有人可以帮助他们的。

所有的中层领导都希望下属能够自动自发，具备主人翁精神。可实际情况却是，不管我们如何培训，如何强调，如何灌输，员工的主人翁精神永远处于“缺位”状态。

其实，问题不在员工，而是我们采取的方式不对。寄希望于员工自动自发地工作，本身就不具备可操作性。如果通过培训和强调就能让员工自动自发，那公司也就不需要那么多的规章制度和奖罚措施了。所以，要想让员工具备“主人翁精神”，只有一种办法，就是用规章制度强迫他们自动自发。

判断团队是否具备有效战斗力的唯一标准是结果。如果没有成功的结果，那么团队的有效战斗力就为零。那么，又是什么决定了团队的有效战斗力呢？答案是执行。

执行不只是那些能够完成或者不能够被完成的东西，它是一整套非常具体的行为和技术，能帮助公司在任何情况下得以建立和维系自身的竞争优势。执行本身就是一门学问，因为人们永远不可能通过思考而养成一种新的实践习惯，而只能通过实践来学会一种新的思考方式。

简而言之，执行不单是战术，也是战略；不单是行为，也是系统的方法；最重要的，它不是被动完成，而是主动解决，这恰恰是我们工作中最缺乏的态度。

执行概念的兴起让中国的企业兴奋了一阵子，但兴奋过后，人们发现执行还是没能给公司带来竞争力。很多企业老板迷惑不解，在他们看来，自己所制定的经营目标都完全实现了，这足以说明公司团队的执行力是非常好的，可为什么公司在市场上还是没有竞争力呢？

原因是，我们在关注执行的时候，只重视了结果，而没有重视过程。我们宁愿相信“没有任何借口”的执行理念，也不愿去听员工解释为什么工作不到位。这种只重结果不重过程的考核理念，严重误导了员工的工作方式。

很多公司评价员工的唯一标准就是绩效。在年初根据整体目标分解制定出个人绩效目标，到年底时就目标完成情况与计划进行对照总结，根据奖惩制度或规定对员工进行绩效兑现。这种绩效管理的方式，猛地一看有道理，但如果细细追究起来，却不难发现里面问题重重：员工是通过什么手段实现的业绩？这种手段是否具备可复制性？员工的业绩是否可持续增长？

以营销执行为例，许多企业，尤其是中小企业，往往只要销售结果，不管销售过程。结果导致营销人员在工作中只关注短期行为，一切以完成公司下达的销售任务为目的。

他们不是在营销的过程中着力建设和完善公司的销售体系，而是怎么方便怎么来，只要能变通，绝不走流程。这种追求捷径的行为导致了一系列问题：不能及时发现销售过程中的问题并予以解决；销售网络中价格体系混乱；利润下降，经销商失去积极性，对公司不忠诚；窜货现象严重，应收账款迟迟不到位……

虽然这些人最后都完成了公司规定的业务目标，但这里面存在的问题，不但不会增强公司的竞争力，反而会直接影响到公司的健康成长。甚者，这种只重结果忽视过程的行为，会迅速毁掉一个公司。

其实，执行要的是“结果”，讲究的却是“过程”。有句话叫“方法对，结果一定对”，要得到既定目标的“结果”，我们还必须把握“过程”。而对于过程的控制，恰恰是很多公司最为头疼的问题，也是众多团队忽视的问题。

如果团队领导不强调，几乎没有人会按照既定的流程去工作。事实上，即使团队领导强调了，如果没有相应的监督与奖罚措施，员工按规章做事的可能性还是很小。中国文化讲求变通，而中国人又是最善于变通的人，要想让他们按照公司的规章做事，其难度可想而知。

陈宇明

2014 年 8 月

目　录

第一章

强大执行靠中层

“一只绵羊带领一群狮子，敌不过一头狮子带领的一群绵羊。”一个企业和组织能取得多大成就，主要取决于中层干部有多强，中层执行力有多好。

第一节　抓住生命线：锻造坚强有力的中层执行力

美国《财富》杂志披露：75%的CEO失败原因在于战略执行，有效策划得到有效执行的战略还不到10%，65%的CEO认为执行战略比制定一个好的战略更难。

总之，企业不缺乏伟大的战略思想，缺乏的是有效的执行力。然而，企业执行能力的高低往往取决于公司的中坚力量，也就是中层的执行力强弱。因为中层是企业的中流砥柱，是连接大脑（经营层）与手脚（一线员工）的中枢。

企业的执行力是一套系统化流程，包括对目标与具体步骤的严密讨论、质疑和坚持不懈的跟进以及责任的具体落实，还包括对企业面临的商业环境做出假设、对组织能力进行评估、将战略与运营及人员相结合、对执行人员及所在的部门进行协调、奖惩，还包括提高公司执行能力以适应战略挑战的机制。

在执行问题上，很多中层不了解自己下属的能力，也没有很好地进行评估，像这种盲目让下属执行的现象屡见不鲜。作为领导人，需要深入了解自己的员工，并对其执行能力进行评估。发现不足，就要加强员工能力培训。

在具体的执行流程上，领导者要注意战略目标是否进行有效的分解，需要投入哪些人力、物力、财力，当战略执行到一个阶段，组织是否有足够的能力将战略继续运营下去，执行任务由谁负责，如何考核业绩，等等。

这些就是执行力的三流程：战略流程、运营流程、人员流程。

当然，执行力并不是一门高深的学问。它非常直接，以实事求是为基础，前提是中层必须参与到日常运营当中去。与其说执行力从员工开始，不如说从中层开始，这样的执行力才能更持久，才能真正成为企业的核心竞争力。

1. 中层是团队的脊梁

每一个企业都渴望不断成长壮大，但是在激烈的市场竞争中，不少企业中途会不幸夭折。据美国《财富》杂志报道，美国中小企业平均寿命不到 7 年，大企业平均寿命不足 40 年。而中国，中小企业的平均寿命仅 2.5 年，集团企业的平均寿命仅 7～8 年。美国每年倒闭的企业约有 10 万家，而中国有 100 万家，是美国的 10 倍。不仅企业的生命周期短，能做强做大的企业更是寥寥无几。

企业做不长、做不大的根源当然很多，但最重要的一条是，这些企业的中层干部不胜任，中层执行力差。

再好的战略目标，缺乏执行也是毫无效果。事实上，中层干部就是一个团队的主心骨，中层执行力就是如此重要。

1988 年，华为只有 14 人。20 世纪 90 年代中期，华为人数一年比一年猛增，到 2000 年华为已是拥有 22000 名员工的大企业。华为能够奇迹般地扩张且整个组织不混乱，就是得力于最初的14个骨干人员，以及后续“火线”提拔起来的一批中层干部。

在小企业里，老总可以直接一对一地管理下属员工，但在企业发展壮大后，老总就难免力不从心，这个时候，中层干部就自然而然地出现了。

就好像水泊梁山是随着108位好汉不断入伙而一步步发展壮大的，这些好汉从某种程度上也相当于中层干部。红顶商人胡雪岩之所以能在短短十余年时间里，将钱庄、当铺、生丝、军火、粮食、房产等当时最赚钱的生意一网打尽，是因为手下有一大批掌柜、挡手等“中层职业经理人”帮助。

中层干部介于领导者与基层员工之间，这种中间地位凸现出中层干部的特殊性与重要性。如果把企业比作一名员工，高层管理者就是大脑，中层就是脊梁，要替大脑传达和执行命令到四肢的是基层。中层干部是企业的中坚力量，他们素质的好与差、能力能否得到充分发挥，将直接影响到企业的生存与发展。

在企业中，员工结构一般为：20%的中层干部管理者，80%的基层员工。三星集团董事长李健熙最高明的地方就在于善于使用这20%的中层骨干。

李健熙唯才是用，大力提拔年轻干部担任领导岗位，比如三星电子副会长兼CEO尹钟龙、三星电子旗下数字多媒体网络部社长兼CEO陈大济、设备解决方案网络部社长兼CEO李润雨、通信网络部社长兼CEO李基太、数字家电网络部社长兼CEO韩龙外等，这些人都曾是他一手提拔起来的中层干部。

正因如此，三星集团人才鼎盛，顺利完成了“第二次创业”。

2. 牢牢握紧中层领导权

三国时期诸葛亮这样形容中层领导权的重要性：“夫兵权者，是三军之司命，主将之威势……若将失权，不操其势，亦如鱼龙脱于江湖。”这句话的意思是，对士兵及中层将领的领导权是一个指挥官统率三军的权力，一旦失去这种权力，就好比鱼、龙离开江河湖海，威力尽失。

中层领导权对于企业决策者来说就是如此重要，一旦失去，任何伟大的战略目标也只能是空中楼阁。如果中层领导权不稳，中层执行力较差，在规模扩大、人员增加的情况下，中层管理开始混乱，中层领导控制不了局面，就会导致最后的轰然崩溃。

经济学中有一个著名的“二八法则”，落实在组织中就是20%的中层领导决定了一个组织80%的发展走势。组织的命运如何，与中层干部的领导力和执行力有直接关系。毫无疑问，一个企业的中层领导必须坚强有力，才能承担起带好队伍的重任。

企业需要大力选择好、培养好、管理好中层干部，牢牢握紧中层领导权，形成企业运营中不可或缺的一股中坚力量。那么，作为企业的领导，你如何牢牢掌握中层的领导权？

作为领导，你往哪里走，你的下属就会往哪里走。下属不一定会听从你的命令，但一定会跟随你的脚步。

诺贝尔和平奖得主、美国前副总统阿尔·戈尔长期以来被公认是全球应对气候变化的领袖人物。他在1992—2000年期间担任克林顿的副总统，在2000年大选中输给了小布什，随后退出政界投身环保事业。其制作的《难以忽视的真相》曾获得奥斯卡最佳纪录片奖，他本人则在2007年被授予诺贝尔和平奖。

但是，由于自身言行不一，他的一些行为却开始让外界质疑这位环保英雄到底是不是真的很“绿色”。几年前，他位于美国田纳西州首府纳什维尔市的寓所被曝光每月的用电量比当地一般家庭一年的用电量还多，有人因此骂他“愚蠢和虚伪”。戈尔后来对这座总面积达900多平方米、拥有20个房间和8个浴室的寓所进行了改造，大大提高了能源利用效率。

2010年10月27日，戈尔在瑞典哥德堡的商业、经济和法律学校就可持续发展发表演讲，吸引了不少名流前去参加。为了凸显演讲的绿色主题，戈尔要求这些贵客当天务必乘坐地铁等公共交通工具前往会场，以减少二氧化碳的排放。

这显然是一个非常契合演讲主题的建议。但是记者们却发现，戈尔在要求别人环保的同时，自己却并不以身作则。比如，他在抵达格德堡机场后没有乘坐地铁等公共交通工具，而是乘坐专门租用的汽车前往会场。更严重的是，他下车时没有关闭引擎，整个演讲期间他的汽车都处于发动状态。这种行为非但不够环保，还触犯了瑞典当地的法律。瑞典法律要求驾驶员只要离开车超过60秒就必须将引擎关掉，否则将被处以严苛的罚款。

如此言行不一的行为显然无法让人信服。不过，这并不是个别现象。无论是政界、商界还是公益组织，我们都能看到管理者或领袖人物的这种不能以身作则的现象。

公司的制度得不到遵守，公司的流程得不到执行，原因也往往是出在管理者身上：他们不能以身作则。

管理的本质是命令与控制。虽然到目前为止，我们还习惯于使用“管理”这个概念，但实际上，在新的组织形态下，“管理”的作用正在慢慢减小，取而代之的是“领导”的概念。

领导力专家本尼斯说：“领导应该是领头羊而不是牧羊人。”这就是说，作为领导（包括普遍意义上的管理者），你往哪里走，你的下属就会往哪里走。下属不一定会听从你的命令，但一定会跟随你的脚步。

人们越来越不喜欢命令和控制式的领导，这就是为什么当代管理学更加推崇领导力概念而不是管理概念的原因。在这样的前提下，如果你把自己当成了发号施令、命令控制的牧羊人，而不是领头羊，那么你的下属很可能会产生逆反心理。最有可能的是，当你要求他去做某件事的时候，他会去做另一件事以表示自己的不满。

3. 中层班子要搭好

想要提高中层执行力，必须先搭好一个过硬的中层领导班子。联想的三大管理经验分别是：“建班子，定战略，带队伍”。为什么把“建班子”排在“定战略”、“带队伍”的前面呢？因为只要有一个思想统一、卓有成效的领导班子，什么组织战略定不出来？什么中层队伍带不出来？

企业必须有配合默契的中层领导班子，才能制定出正确的战略，并且有力地执行战略。在唐僧师徒团队中，就是人尽其才、扬长避短的完美组合，也是“最佳领导班子”的典范。

马云用阿里巴巴的成功阐述了中层领导班子的重要性，对马云来说，他不懂电脑，对软件、硬件更是一窍不通，但是，他却通过建立一个领导班子成就了阿里巴巴的辉煌业绩。

马云最欣赏的就是唐僧师徒团队，他认为：“唐僧是一个好领导，他知道孙悟空要管紧，所以要会念紧箍咒；猪八戒小毛病多，但不会犯大错，偶尔批评批评就可以；沙僧则需要经常鼓励一番。这样，一个明星团队就成形了。”

在马云看来，一个企业里不可能全是孙悟空，也不可能都是猪八戒，更不可能都是沙僧，“要是公司里的员工都像我这么能说，而且光说不干活，会非常可怕。我不懂电脑，销售也不在行，但是公司里有人懂就行了。”

马云认为，很多时候，中国的企业往往是几年下来，领导人成长最快，能力最强，其实这样并不对，他们应该学习唐僧，用人用长处，管人管到位即可。毕竟，企业仅凭一人之力，永远做不大，领导班子才是成长型企业必须突破的瓶颈。

其实，何止是成长型企业需要团队来突破发展的瓶颈，即使是已经成熟的企业，也需要精英的中层领导来带动才能持续地发展突破。在全球经济一体化的框架下，欧美的通用电气（GE）、菲利浦、施乐、摩托罗拉，日本的丰田、索尼等跨国公司早已广泛运用团队建设与改善策略，来获得企业的持续发展。

如果没有精英中层团队的带动，很难说这些企业还能不能继续保持现有的竞争优势。

像马云这种“优势互补，短处弥补”的领导班子搭建原则来看，一个执行力强的中层领导班子，一般具备两大特点：一是搭配合理，二是分工明确。班子的合理搭建，工作的合理分派，是提高中层领导工作效率、提高中层执行力的前提。

韩国三星集团有一个颇为人所称道的、稳固的“铁三角领导班子”：李健熙会长为支点，结构调整总部和总裁团分别是领导班子的“双轴”。李健熙会长负责战略决策，主要把握集团的大方向，比如向半导体行业进军、三星电子和三星半导体通信的整合、制造世界一流产品等；结构调整总部负责实施战略决策，总裁团则负责实际经营。

三星的这一领导班子，各司其职，配合默契，使三星电子平稳度过了20世纪90年代中期的“半导体寒冬”，保持每年均纯利润数以亿计。

对于企业来说，核心领导班子的搭建至关重要。中层领导班子的“化学反应”如何，将是决定企业命运的重要因素。

第二节　领导有力：中层是企业的骨干

1. 中层必须敢打硬仗

很多事情，不是“行不行”、“能不能”、“会不会”的问题，而是“敢不敢”的问题。任何成功的企业都有一批领导有力、能打硬仗的中层干部。企业的团队素养是其能否克服困难的首要因素。

懦弱的中层干部，必定带出作风涣散、萎靡不振的团队，其手下员工必然是懒惰散漫的；强势的中层领导，团队必然有其鲜明的员工风格，手下员工都能按要求完成上级下达的任务。

“兵熊熊一个，将熊熊一窝。”优秀的中层干部，就能带动团队创造一流的业绩。

华为一开始从一家名不见经传的企业，发展为产品覆盖全球70多个国家、年销售额近300亿元的巨型民营企业，就在于这个团队有许多出色的中层领导者，尤其是其营销团队的强大和中层销售经理的出色。

华为的营销优势，就是其营销团队的优势，归根结底是营销团队中层领导者带队有方，执行有力。

华为最初进军欧美市场时并不顺利。在1998—1999年连续两年欧洲市场一无所获的情况下，华为的销售经理们带领着营销人员锲而不舍，在竞争对手滑雪度假、和家人团聚的时候，马不停蹄地攻城略地，从东欧和南欧抢出一片市场，然后继续攻克西欧、北美，将胜利的旗帜插在凯旋门——将华为欧洲区总部设在巴黎。

企业是否拥有一批敢打硬仗的中层领导，决定了中层团队的素养和执行力是否强大。敢打硬仗的中层领导是团队的力量源泉，他能使团队里的每名员工都发挥出潜能，齐心协力，执行到位，完成组织交代的各项重大任务。

2. 中层骨干的“八项注意”

德国著名军事家克劳塞维茨在他的《战争论》中阐述道：“指挥官的胆略、勇气、士气、毅力、勇敢、机智和荣誉感，能使所在军队的实际力量成倍增强，对战争胜负的影响至关重要。”

指挥官不是万能的，但没有指挥官是万万不能的。谁也不能否认中层骨干对于一个组织的巨大作用，尤其在严峻形势下，缺少好的中层骨干，生存便无从谈起，胜利更是一句空话。

中层骨干就是企业在基层人员心目中的代表，他的精神风貌、做事态度，也在某种程度上代表了企业的基本特征。总结起来，一个出色的中层骨干，应当具有以下八个方面的要求。

（1）做事务实

考虑和执行任何事，都会从实际出发，重视结果，不做表面文章。向上级汇报敢说实话，不会“只报喜不报忧”。

（2）吃苦在前

工作中以身作则，严格要求自己，不怕疲劳，能够连续作战。不仅员工能吃苦，更能感召和带领团队成员埋头苦干，勇于攻坚。

（3）会做思想工作

能够正确处理团队成员之间的问题，用各种手段将团队紧密凝聚在一起。

（4）坚持“团队第一”

在工作中坚持“团队第一，员工第二”，为了团队的需要，可以牺牲员工利益。

（5）严格执行

强调“结果高于一切”，执行时不讲价，不打折扣。号召团队“有条件要上，没有条件创造条件也要上”。

（6）不畏困难

在艰苦环境和艰巨任务面前，内心不慌乱、不胆怯，主动积极，勇挑重担。同时，虚心听取意见，积极想出办法克服，力求完美解决问题。

（7）意志坚强

无论遇到多少工作以外的困扰，都不会影响到团队工作。

（8）追求更好

以强者心态指引团队，积极面对竞争，迎难而上，追求更好的结果、更大的目标。

有人说，企业的中层干部应该“一半是专家，一半是领袖”，他们肩负着培训员工的重任，手把手教他们“不怕累、能吃苦、团结一致、完成任务”。

被评为全球“最佳营运公司”的海尔集团，如今的全球营业额早已突破1000亿元，但谁能想到1984年，它还是个亏损147万元、濒临破产的企业呢？

张瑞敏接手这个“烂摊子”后，不等不靠，以领导者的八种要求塑造海尔的中层人员，不遗余力地坚持“高效执行”的基础管理，由此以点带面，带领海尔这支团队走出泥潭，走向成功。

企业需要好的中层骨干，需要中层人员学好“八项注意”，以良好的精神面貌和实际能力，带领中层团队取得胜利。

第三节　勇于负责：中层的责任感不能丢

中层领导者自我修养完善的第一步，就是勇于负责，始终要牢记肩上的责任感不能丢。责任意识到位了，团队才能整顿有序，继而实现整个团队的高效率运转。

1. 带出有责任感的团队

有一种中层干部，头脑聪明也很能干，但团队工作业绩平平；还有一种中层干部，虽无过人之处，却能带领团队目标明确、坚决执行。“不患无策，只怕无心”，一个中层干部的学识、能力固然很重要，但缺乏责任意识，心思不在工作上，是不可能把工作干好的。这两种干部的差别就在于有无工作的责任感。

责任有多大，业绩才有多大。尤其在领导岗位上，更要牢记自己的责任，认识到自己所处位置的重要性。这就是中层干部的责任感，它能唤起员工的工作热情和团队精神，达到企业的既定目标。当一个中层干部在心中形成责任感时，他就能自觉地意识到自己所担负的责任，影响自己的团队，产生积极、圆满的工作效果，整个队伍才是一支优秀的团队。

中层干部要求员工工作认真负责、一丝不苟的时候，自己更得具有强烈的责任感，这样才能一级抓一级，将整个团队的责任感层层落实到位，将各项工作真正落到实处，也才能让企业的每个职员都具有责任心。

重庆力帆集团老总尹明善最看重责任感，他说："财富的积累就是责任的积累。当我挣1亿元的时候，我觉得欠别人实在太多了，我自己哪有能力挣1亿元？是社会帮了我，政府帮了我，工程技术人员帮了我，员工帮了我。我要还员工的钱，把员工的饭碗保住，还要给他们增加收入；我要还政府的钱，依法自觉纳税，保证税收年年增加；我要还社会的钱，尽可能多地参与公益事业。"

不仅如此，尹明善还将责任感传递给中层干部，希望团队的每个员工都能牢记身上的使命和责任。

2. 错误面前，敢于站出来承担

中层责任感，还意味着对事业专注和忠诚，无论何时何事，不要将责任推卸给员工，要勇于承担责任，承认错误。如果中层干部做到了这一点，就会获得员工的信任和追随。

正如英特尔公司的CEO格罗夫所说："处于中层管理岗位的人，都会担心一旦犯错误，会毁掉赢得的尊敬。事实上，承认错误正是一种成熟和坦诚的标志。"

20世纪90年代，三星集团受困于"大企业，大制造"的错误思想。明明国内汽车产业产能过剩，总裁李健熙仍然在汽车业务上投资数亿美元。他建立的三星汽车公司很快就债台高筑，2000年被迫低价出售给雷诺汽车公司。

此举严重拖累了集团，李健熙也被投资者批评为一个"失败的管理者”。这个时候，李健熙勇敢地承担起了责任，他一次性地捐献出了20亿韩元的员工财产，承担几乎全部投资汽车领域失败的责任。三星集团发布这个公告后，投资者都惊呆了，原来要等待裁员的员工们眼中闪烁着泪花，《财富》杂志则称赞李健熙是“为错误的投资决策承担责任的CEO”。

责任重于泰山，责任感反映了中层干部的工作态度和精神境界。强烈的责任感不仅是中层干部立足于社会、获得事业成功的必要条件，也是能带出一支高素质员工队伍的必备条件。如果中层干部不具备责任感，那么手下的员工肯定也没有责任感；而没有责任感的队伍，不过是一群乌合之众。

第四节　凝聚人心：队伍的团结不能散

“将相和”这个古老的典故，大家都知道。廉颇为什么要向蔺相如负荆请罪呢？因为他理解了自己的傲慢与轻视不利于赵国安定。假如一国的两位文武重臣不和，必然会给虎视眈眈的秦国可乘之机，赵国就有可能随时会被秦国灭掉。

团结就是力量，团结就是执行力。企业中层干部若想把自己团队建设成为一支优秀的队伍，就要凝聚人心，保持队伍的团结和稳定。

1. 集体至上，步伐一致

团结可以使团队成为一个有机整体，使得企业上上下下、方方面面形成互相帮助、和睦相处的亲密关系，产生强大的凝聚力与战斗力。很多的企业案例都证明，凡是团结的企业，人心齐，效益就会提高；反之，则人心涣散，企业不景气甚至破产倒闭。

团结能够使员工具有高度的爱企业、爱集体的觉悟，形成强大的合力。当企业发展顺利时，全体员工会感到光荣和自豪，自觉地为企业努力工作，增光添彩；当企业遇到困难时，全体员工会更加勤奋工作，为企业排忧解难，甚至为了集体的利益而牺牲员工利益。

一个团队的伟大并不是由于某个成员的伟大，而是他们作为一个集体的伟大。正如海尔的张瑞敏所说：就单个员工而言，海尔员工并不比其他企业优秀，但能力互补、具有良好团队合作精神的“海尔团队”的确是无坚不摧的。

团队的力量远远大于一个个单独的优秀人才的力量。在当今世界，任何具有重大意义的科学研究、理论探索、技术工程等，都不可能再凭借员工单枪匹马的奋斗就能完成。1961 年，美国实施的长达 10 年的“阿波罗登月计划”有将近 42 万人参加，涉及 2 万余家公司、120 所大学。

团队精神的表现，就是在具体工作中密切协作。一个团体中，如果成员们彼此齐心协力，分工协作，就容易实现团队的目标；倘若互不合作，即使做好本职工作，也会各自为政，使得整个团队如同一盘散沙，团队就很可能因为协调不够而失败。要知道，在失败的团队中，所有成员都是失败者。

拳头之所以要比手指更能伤人，是因为拳头是由五个手指攥紧而成的；一只脚站立很容易跌倒，所以我们有两只脚；一种药物的治病效果有限，所以我们几种药物并用。

一滴水是微不足道的，整个大海却是无限的。员工的力量是有限的，集体的力量却是巨大的。团结就是力量，中层干部只有让整个员工队伍紧密团结起来，才会产生巨大的力量和智慧，去克服一切困难。

2. 带领团队以卓越为目标

杰克·韦尔奇说：“尽管我们每一位首席执行官都有不同的风格、不同的方法和不同的手段，但大家的目标是一致的，就是要胜利！”

一个团队只有不断去赢得胜利，才能赢得信心与尊严，才能从平凡走向卓越。这是所有现代企业中层干部应该具备的大眼光和大魄力：没错，我的团队就要做最好的。

一位汾酒销售经理深有感慨地说：“20 年前，汾酒的价格只比五粮液低 2 角钱。现在呢，平均差 200 多元。汾酒与五粮液同为中国四大名酒，价格却如此悬殊，差在哪里？我认为就差在品牌形象，也就是说，汾酒的品牌被五粮液比下去了。”

“品牌”是卓越带来的红利。五粮液从 1994 年开始，品牌价值一路直线上升，从 31 亿元飙升到 338 亿元，超过行业第二名数百亿元之多。

中国白酒的传统名牌众多，自 1990 年以来，又有成百上千的后起品牌加入竞争当中，再加上国家政策对白酒业发展的限制，白酒行业成了营销环境最为混乱、竞争手段最为复杂的行业之一。在这样一种激烈加恶劣的行业环境中，在其他白酒降价还卖不出去的情况下，五粮液 3 次提价仍然供不应求，连续 10 年稳居酒类企业规模效益之冠。

五粮液的每一个市场动作，都在行业内产生了震动与深远的影响。这就是卓越的品牌给团队带来的巨大回报！

在2005年中国最有价值品牌中，海尔价值是702亿元、联想价值是470亿元、红塔山价值是469亿元、TCL价值是336亿元……一个牌子就值这么多钱，为什么？这也是卓越的力量。成功的一流的企业，永远把追求卓越视为最重要的目标，从来不找任何借口，只为卓越而努力。在竞争激烈中，只有卓越者才能强大不倒。

企业也是一样，假如能够十几年甚至几十年不断追求卓越，哪怕最初只是一个破破烂烂的小作坊，最后也会成为国际名牌企业。名牌企业又能在今后的竞争中有着更多的优势：营销更容易，产品卖得贵、卖得多、卖得快、卖得久；增加无形资产，比如十年时间，“奥康”平均每天增值50多万元；合作一路绿灯，品牌企业总是能够获得更多政府支持、银行贷款等，这些都是非品牌企业梦寐以求的。像海尔这样的著名企业收购破产企业时，往往是一分钱不给，也不给运作资金，只派出管理干部、技术干部等2~3名员工。但对方厂家及政府还对收购方充满感激，并给予不少优惠政策；物资供应渠道稳定，比如1998年特大洪水，粮食成了稀罕物，有的酒厂拿钱买不到粮食，而茅台、五粮液却粮满为患，因为供货方不敢得罪这些大户。

卓越品牌最重要的一点好处就是聚集人才，人才总是希望能在有名气的大公司工作，一来有成就感，二来能学到更多东西，三是在大公司工作的经历也是一笔财富。有优秀人才源源不断地加盟，整个企业团队的战斗力必将上升几个档次。有了强有力的战斗力，肯定更容易取得下一个胜利。如此形成良性循环，就能像微软那样，一直循环到世界第一。

3. 团结就是要形成合力

团队是“人”的组合，但不是简单的组合，只有团队中的“人”发挥了自己的真正作用，这个团队的建立才有意义。

多家国际著名猎头公司及高级人力资源专家达成基本的共识：一个优秀的团队或组织，一般需要八种不同能力的人才配置，才能实现效率和业绩的最大化。

这八种类型分别是：综合能力出众的带头人、负责团队后勤的人、团队里最能干的人、掌握团队核心技能的人、团队里执行力最强的人、为团队解决实际难题的人、鼓舞团队士气的人和对团队忠诚的人。

综合能力出众的带头人、负责团队后勤的人、团队里最能干的人、掌握团队核心技能的人，构成团队最起码的框架；而团队里执行力最强的人、为团队解决实际难题的人、鼓舞团队士气的人和对团队忠诚的人，保证了团队能够良性地运转。

如果把前面四种人看作电脑的“硬件”，那么后面四种人就是“软件”，少了其中任何一种人，团队都无法正常运转。正是这八种人把团队变成了有机的生态系统，能出力的出力，能出点子的出点子，一片赤胆忠心，满腔沸腾热血，支撑起一个鲜活的团队。

团队绝不是简单的组合，团队精神也不会凭空产生。当个人意识到自己必须借助一个团队来实现目标时，他自然就产生了团队意识；有了团队意识，他就会在思想上形成团队精神，并把这种团队精神表现在行动上。团队要想成为一个真正的“团队”，就必须让每个成员各司其职，集体实践团队精神。

团体意识早已渗入到微软企业文化的每一个角落。微软人认为，他们不属于自己，而是从属于微软这个团体。

比尔·盖茨在谈到这种文化时说：“这种企业文化营造了一种氛围，在这种氛围中，开拓性思维不断涌现，员工的潜能得以充分发挥。我们微软公司所形成的氛围是，你不但拥有整个公司的全部资源，同时还拥有一个能使自己大显身手、发挥重要作用的、小而精的班级或部门。每一个人都有自己的主见，而能使这些主见变成现实的则是微软这个团体。”

这种把个人归属于集体的团体意识，是所有公司都在追求的。这种意识，使员工们工作热情更高、工作更有动力，生活更有价值。

一个优秀团队，绝不仅仅是简单的人员组合，而是要让所有成员真正融入这个集体；一个优秀的团队，绝不仅仅是“走到一起来”，而是要“走成一片海”。

第五节　传递信仰：中层就该“一呼百应”

小到组织、员工，大到社会、国家，无不需要信仰的力量，支撑其前进和奋斗，否则便会失去生机和活力。就企业而言，没有信仰，便无法实现快速发展。正如一支军队，最厉害的不是武器装备，也不是战略战术，而是强大的信仰。

1. 信仰是最强大的执行力

美国军事专家说过："美国军队不怕解放军装备上的现代化，因为我们对武器上的优势很自信，但我们最担心的是解放军强大的'信仰'，一种从未动摇过的信仰。"

海尔人为什么始终保持旺盛的工作热情和创造力，为什么能够开拓进取、不断创新，从制造电冰箱起步到跻身于世界500强？这是因为所有海尔人有一个信仰，一个被车间主任、销售经理们不断重复的信仰：敬业报国，追求卓越。正因如此，海尔普通员工的工作热情是其他同行业人员无法相比的。

海尔技术中心部的张汉奇博士，曾谢绝了多家外企的高薪聘请，来到海尔工作，他说："身在海尔，我能够看到民族工业的明天，我为自己是一个海尔人而自豪，也将'敬业报国，追求卓越'的信仰传递给我们部门的所有人。"

中层干部的领导力，从精神层面传递信仰，用信仰来统一队伍的思想，号令队伍的行为。很难想象，一个成百上千人的大企业没有统一的信仰，会是什么样的状况。

巴顿将军说："我离不开战场，那里有我的信仰。"其实，每个中层干部都应该对员工们说："我们需要结果，因为结果是实现信仰的种子。"

一个团队好不好，就看其成员信仰是否坚定。西汉名将陈汤，当年以"明犯强汉者，虽远必诛"的信仰，带领手下士兵击败郅支单于，不仅为遇难受辱的汉使报了仇，也提高了西汉在西域各国中的威信。

信仰的力量是无穷的，人有了坚定的信仰，才能坚定不移地执行下去。一个团队更是如此。

伟大的信仰，会让企业超越赢利的生存目标，走上卓越之路。

1992 年，当尹明善站在那间租来的不足 40 平方米的车间里，就敢于对手下的 9 名员工说："我要造出全中国、全世界没有的发动机。"这一信仰鼓舞了在场的 9 名骨干，直至 2002 年，"重庆力帆集团"终于开发出世界独创的"V 型双缸"、"六气门 200 型发动机"。

无独有偶。娃哈哈老总宗庆后的经营信仰是：凝聚小家，发展大家，报效国家。他希望娃哈哈胸怀一颗报国心，勇于承担社会责任，以高度的爱国热情，无私回报社会。娃哈哈做瓜子，带动发展内蒙古地区的瓜子种植业；娃哈哈做牛奶，让天津地区的奶牛养殖户受益；娃哈哈生产饮料，带动全国各地运输、纸箱、电力等配套产业的发展。正是本着"为中国民族工业争口气"的使命感，宗庆后和他的"娃哈哈"得以在市场上屹立不倒。

有了坚定的信仰，团队将无往而不胜；传递卓越的信仰，才能提高团队的执行力。

2. 认清愿景，才能明确目标

一个组织的目标和愿景，可以拆分为五个问题：组织的共同价值观是什么？组织要去做什么事？组织要按照什么程序去做？做到什么程度？在整个过程中要遵循怎样的原则？

这些问题都是围绕“愿景”展开的，也可以说是“使命”和“理想”。只有回答上述五个问题，我们才能知道“团队精神”的价值以及如何塑造它。美国著名管理学家彼得·圣吉在其著作《第五项修炼》中提出“组织必须有一个共同的引导大家共同去追求、去努力的目标”。

目前许多组织都在实施“愿景管理”。什么是愿景？就是人心中一股深受感召的力量，最初时只是一个想法，一旦发展并获得群体的支持时，就不再是个抽象的东西，而变成具体而明确的目标。

古典名著《西游记》里，唐僧比起三个徒弟和一匹白龙马来本事最小，但是取经的愿景最清晰，意志的坚定使他成了这个团队的领导者。取经的途中，退可以还家，旁可以有欲，但这个团队硬是走过一个个灾难，战胜一次次欲望，九九八十一难后，终成正果。这就是愿景的力量。

愿景是组织的灵魂，没有愿景，组织就没有方向和动力。没有成功的愿景，团队就不会有持久的、旺盛的生命力。愿景，是组织的发展蓝图；愿景，是个人的发展目标。一个共同的愿景，能够将所有成员团结到一起，为组织的目标共同努力，使所有成员都能感觉到对组织理想图景的憧憬。一流的企业，都是通过确立共同愿景，让员工认同并接受自己的企业文化，并将各种力量综合在一起，促使企业不断壮大。

愿景管理的实质，是使团队成员从内心到态度的根本改变。站在理想的高度去看待自己的工作，你就会发现工作的意见。工作绝不仅仅是为了生存，你的人生目标和理想，全部要依靠工作实现。知道自己在做什么，以及这么做的意义，你就会对工作拥有全新的认识。一个团队的存在，不仅仅是为了自身生存，还在于对社会起到一定的影响。

创造财富，改变生活，造福国家和社会，这是优秀组织骨子里不变的愿景。不甘平庸、追求卓越，也是所有伟大团队的共同信仰。当你对某一思想、某一项工作产生信仰时，就会产生巨大的力量维护它、宣传它，甚至可以为了这种信仰做出牺牲。

以赢利为目标的公司，始终是在利润上挣扎的，其结果只有两种：赢利或者亏损。以卓越为目标的公司，无论暂时的成功还是失败，都具有一种卓越的品格。伟大的愿景成就伟大的企业。位居世界500强首位的零售巨子沃尔玛集团，有一个不变的愿景：服务顾客，追求卓越。这也是沃尔玛得以成功的基石。

一个正确且不改变的愿景，是一个团队成功的最大“秘诀”。高瞻远瞩的公司几乎都是虔诚地保存核心愿景，很少改变，其基础稳如磐石，不会随时代的风潮变异，在某些情况下，其核心价值经历百年也不是一成不变。卓越源于愿景。当一个团队有了无比崇高的愿景，其成员才能最大限度地实现人生价值和人生追求。

3. 高举文化大旗，上下同欲

其实，中层管理者扮演着布道师的角色，要不断传播企业文化，把核心理念传下来，融入每位员工的心中，使上下同欲，企业才能赢。

在这一“布道”过程中，中层管理者要以身作则、言行一致，恪守价值理念，这样员工才会真正信服。

每个企业都有价值观，关键是怎么去塑造它、提炼它。首先，要善于总结，善于提炼企业的核心理念。其次，有了理念以后，不要把它放在墙上挂着，不要放在心中藏着，要向员工传播、灌输。让所有员工统一思想，形成共同的习惯，达成共识，大家才能心往一处想，共同走向美好的明天。最后，还要持续改进，在不同的发展阶段去做调整。

作为中层管理者，你有没有想过，你的目标和愿景是什么，你的规划是什么，怎么把愿景、目标和员工的愿景、目标统一起来，让他们真正和你一块往前冲。

很多中层管理者强调：企业文化要背会。为什么要背会？因为一个成年人在工作之余，脑子里没有什么是根深蒂固的，但是通过几个月时间背会这些理念性的东西，至少就能让这几千字在脑海里根深蒂固，那么再去做事的时候，这几千字的思想就容易影响他的行为，因为这几千字的信念在他的心中扎根了。先背下来，背完以后再消化理解，不断地深入。先入耳，再入脑，再入心，再入声，就变成了一种习惯。

其实，对于文化的传播和灌输，中层管理者要考虑几个问题：第一，企业价值观有没有融入员工思想，如何融入？第二，灌输工作中有没有考虑执行的细节？第三，能把企业文化作为员工培训必修课吗？比如新员工来的时候，有没有企业文化手册，有没有把文化观点当作一个课题，让员工背下来，不断洗脑？第四，传播与灌输企业文化的途径有哪些？即有没有传播渠道，有没有灌输理念和思想的通道？如果这些都没有建立起来，那么酒店的文化肯定无法深入员工的心中。

怎样让员工的想法和企业的想法融在一块？前提是满足员工的需求。员工都有什么需求？也就是说，员工最关心什么问题？

第一，企业未来是什么样？企业的愿景要大家共同去规划，达成一致，最起码，员工应该知道企业三年或者五年后会发展成什么样子。

第二，如何实现企业目标？每个员工都是企业大家庭当中的一分子，需要心连心、手牵手达成目标，达成愿景。

第三，期望员工如何做？

第四，员工在实现目标的过程中扮演何种角色？

第五，员工喜欢什么样的企业氛围？

第六，员工的自我实现需求是什么？

如果这几个需求都考虑到了，就要找出切入点不断固化，不断灌输。最终员工就会形成习惯，习惯从某种意义来讲就是文化的一种表现。

第六节　树立榜样：中层就该以身作则

正人先正已，中层领导者应当时时处处恪守以身作则这一最朴素的真理，先管好自己，树立榜样，才能严令即从，管好基层员工。

榜样是无形的号召力，表率是无言的说服力。具有较高专业水平和道德水准的中层干部都能深受部下的信赖和佩服，他们无须严令申诚，就能事半功倍地带好队伍。

1. 身先士卒，激发工作热情

对于强势的中层领导，其团队必然有鲜明的员工风格，手下员工都能发挥敬业精神，按要求完成组织的任务。

在工作中，干部都要尽快适应新岗位、新环境，在新的位置上做事和做人，管理下级，配合上级领导的工作，成为一名出色的骨干。只有培养出一批强有力的下属，企业才能实现稳定的良性发展。

比尔·盖茨说："早晨醒来，一想到我从事的工作和所开发的技术给人类生活带来的巨大影响和变化，我就会无比兴奋和激动。"从微软创立之初到今天成为软件业的龙头，比尔·盖茨始终在身体力行地展示着自己的工作激情，并感召中层干部将激情继续传递下去。正是自上而下的工作激情，使得微软团队非常敬业专注，从而在IT世界里傲视群雄。

无独有偶。在激情的感召下，华为的中层干部一向是工作起来不要命，时常深夜加班，吃盒饭，在办公室打地铺。正是因为这种"魔鬼"般的工作激情，使得所有华为人十多年来始终工作充满激情，取得了辉煌的成就。

身先士卒，带动激情，是中层干部的首要任务。员工对工作有激情，就能发挥全部才能的80%以上。中层干部再将这80%的活力融入到工作中、传递给他人，自然整个团队就能迸发出无穷无尽的智慧和力量。

拥有激情四射、情绪高涨的中层干部，一个企业才能渡过创业之初的艰难，取得伟大的成就。微软如此，华为也是如此。中层的敬业和激情，是企业前进的动力，更是成就伟业的前提保障。

2. 激发员工的敬业态度

如何激发员工的敬业态度，一直是中层干部带兵的重头戏。企业想要建设成为一个能打硬仗的团队，首先就得为这个团队注入一种敬业的态度。敬业，才能挖掘内在智慧与潜力；敬业，才能将所有人的力量团结起来。

联想总裁柳传志说："中层干部要做的第一条，就是要让员工做事敬业，这对提高企业执行力有着极大的帮助。"

创业时期的联想，上上下下贯彻的是自上而下的敬业和忘我。那时的联想，员工基本上没有休息日，晚上加班更是再平常不过的事。为了确保完成任务，许多中层干部带病依然坚守岗位。

敬业不是万能的，但没有敬业精神是万万不能的。工作敬业的巨大导向作用是不可否认的。中层干部率先做出敬业的表率，才能影响下级员工，完成任务，夺取一个又一个胜利。此外，遣将不如激将，每个员工都有不甘落后的自尊心、荣誉感，假如中层干部能够善于利用这一点，就一定能够最大限度地激励出团队的战斗力。

1912 年，美国钢铁大王卡内基以 100 万年薪聘请斯瓦伯为该公司第一任总裁时，全美企业界为之议论纷纷。因为在当时，百万年薪已是全美最高，而斯瓦伯对钢铁并不十分内行。卡内基为何要付那么高的薪水呢？这是因为斯瓦伯善于激励员工。

斯瓦伯上任后不久，来到一家产量落后的钢铁厂。他问该厂厂长为什么产量老是落后。厂长回答说：“我好话与歹话都说尽了，甚至拿免职来恐吓他们，没想到工人软硬都不吃，依然懒懒散散。”

当得知日班炼了6吨钢时，斯瓦伯就用粉笔在地上写了一个很大的“6”字，然后默不作声地离去。夜班工人知道此事后，很不服气，于是努力工作，将地上的“6”字改写为了“7”字。日班工人知道输给了夜班工人，内心很不是滋味，他们加倍努力，结果那一天炼出了10吨钢。

在日夜班工人不断地竞赛之下，这家工厂的情况逐渐改善。不久之后，其产量竟然跃居为所有钢铁厂之冠。斯瓦伯只用一支粉笔就能鼓舞人们奋发向上。

在海尔，荣誉室里悬挂着国家领导人给海尔的题字，以及海尔历年来荣获的各项荣誉证书、奖章、金牌等；在华为，任正非每次在新员工的培训会上，都会慷慨激昂地发表一番“煽动性”很强的讲话，其中用得最多的就是“奋斗精神”、“速度”、“冲刺”、“破釜沉舟”、“活下去”等字眼。

海尔与华为的激励方式各自不同，目的却是一样的，就是激励出整个员工队伍的战斗力。

一个企业要建立起完善的激励制度。通过各种培训和建立激励、约束、竞争机制，调动起员工的积极性，激发员工的潜能，最大限度地发挥员工能力，增强员工的事业心及敬业精神，增强企业凝聚力，促进企业不断发展。

3. 士气是带动出来的

执行力是业绩的重要组成部分。在团队中，那些执行力强的员工，他们的业绩一定是骄人的。一个团队拥有了高昂的工作士气，也就掌握了完成任务的主动权。否则，就算有再好的机器设备和工作环境，也不见得就能把工作做好。

在工作中遇到困难时，只要有坚定不移的精神，让自己的能量充分释放出来，很多困难都是能迎刃而解的。

在一个团队中，中层干部的信心、士气、领导方法，对提高工作效率起着决定性的作用。如果你是一个中层干部，你带的团队工作效率不理想，你要自我检讨，是不是自己出了问题。

一个人在单位能不能做出突出的业绩，往往不在于他能不能做那份工作，而在于他要不要做，用什么样的状态做。对于中层领导来说，你的职责就是既让手下的人“做”，还要让他们在良好的状态下以高涨的工作士气去“做”。

在企业管理中，重要的是执行，而执行需要端正的心态和高涨的士气作为支撑。当你用积极的心态对待工作时，你的目标是明确的，会选择正确的方法；当你以高昂的士气投入工作时，你的行动是快速的，预期的目标和计划达成是高效的。这样的结果说明了一个事实：你是执行力强的干部。

拿破仑·希尔说：“人与人之间只有很小的差异，但这种很小的差异却往往造成巨大的差异。很小的差异就是所具备的心态是积极的还是消极的，做事的士气是高涨还是低落；巨大的差异就是成功与失败。”

日本松下电器在公司形成规模后，每年都要选择正月里的某一天，向外展示“松下人”的团队士气。在那一天，松下幸之助会亲自带领全体员工，戴上同一颜色的头巾，换上武士上衣，挥舞着旗帜，把货物送到客户那里。在这样的团队序列中，每一个员工都会激发出由衷的自豪感和荣誉心。

有了这样的自豪感和荣誉心，松下公司的团队士气高涨，工作效率得到有效提升，同时也强化了各项计划、措施的执行效果。这种方式一直坚持到20世纪60年代。

为什么军人会有豪迈的气势、雄伟的军威？恐怕与一首首旋律流畅、节奏激昂的军歌是分不开的。军歌对鼓舞部队士气、促进战斗力生成有着不可估量的作用，因为歌曲有直指人心的力量。同样，在企业内部，为了提升士气，也可用歌唱的方式。

华为员工在入职培训时，会经常唱《真心英雄》《华为之歌》；对于销售人员，他们还有专门的激励歌曲；任正非召开员工大会之前，会领着大家齐唱《团结就是力量》《解放军进行曲》等革命歌曲。

没有排练，没有扩音设备，大家就是放开嗓子去吼。任正非通常会自己率先激动起来，站起身带头唱，下面所有干部和员工都跟着高歌。一时间，饭堂里歌声飞扬，大家都群情激昂、精神振奋。

每个华为人对培训中的“大合唱”都会刻骨铭心，有一名员工说："合唱听起来很傻，可是在那样的氛围，我确实被感染并沉浸其中了。合唱结束听到掌声的时候似乎给人一种重生的感觉。我知道自己成为华为一分子了。"

华为的团队精神就是在一次次的合唱中培育起来的。一位曾经的华为人深有感触地回忆道："在华为，每一次市场会都是热血沸腾；每一次领导讲话，都是感人肺腑；誓言和决心都在耳边，让我的身心始终处于狂热的状态，不知疲倦。"

在日本著名的旅游胜地琵琶湖畔，有一个美丽的花园式庭院，这就是松下商学院。它是为松下集团培养销售经理的一年制商业大学。自 1970 年创办以来，为松下公司培养了 3000 多名专业人才。商学院的一些教育方式也类似于"唱着歌曲干革命"。每天清晨 5 点半，松下电器公司的旗帜冉冉升起。6 时，象征进攻的"咚咚"鼓声把大家唤醒。6 点 10 分，全员集合。点名之后，各个学员面向故乡，遥拜父母，心中默念："孝，德之本也，身体发肤，受之父母，不敢毁伤，孝之始也。立身行道，扬名于后世，以显父母，孝之终也。"

接下来是做早操，然后列队跑步 3 千米。7 时 10 分，早饭。每顿饭前，全体正襟危坐，双手合十，口诵"偈语"：此膳耗费多少劳力，自己是否具有享用此膳之功德，以清心寡欲为宗，为走人之正享用此膳。饭后要双手合十，诵念：愿此功德，广播天下，吾与众生，共成道业。8 时 40 分，早会。全体师生集合，站成方队，朗诵松下公司的"纲领"、"信息"和"精神"，齐唱松下公司之歌。

韩国 LG 集团每期新员工培训，有一首歌是必须学会唱的，即

“Global Top 3”。唱歌一般安排在晚上，培训的员工分为几个组，进行拉歌比赛，在热烈的氛围中每个员工都会忘我地投入其中。

为庆祝公司的18周年生日，为了广泛有效地调动大家的工作积极性，娃哈哈在2005年11月召开第七届职工运动会，其中最引人注目的亮点是娃哈哈的内部拉歌。杭州联队和销售、外地联队分两组进行了高潮迭起的现场拉歌，《大海航行靠舵手》《团结就是力量》《咱们工人有力量》《大刀进行曲》《歌唱祖国》等革命歌曲使场内场外的观众都激情互动，融入到紧张、欢快的拉歌中。宗庆后也走到员工中，现场指挥大家合唱《团结就是力量》。全体员工唱得激情昂扬，甚至热泪盈眶。

唱歌曲是团队文化和士气的外在表现，能够让员工燃起工作激情，这恰恰是中层干部需要带动团队做到的。

第二章

执行，就意味着绝对服从

凡事都有解决的方法和改进的可能，中层工作更是如此。方法总比问题多，掌握事半功倍的效率诀窍，你就能有效推进任务的完成，保持团队强大的执行力。

第一节　做事方式：一切从实际出发

简单地说，执行力对个人而言，就是把想干的事干成功的能力；对团队而言，就是将团队的长期目标一步一个脚印实现的能力；而对企业而言，就是将企业的长期战略一步步落到实处的能力。

在一定程度上可以说，团队战斗力的最终体现是有效战斗力，也就是结果。而如何在过程中判断一个团队是否具备战斗力，其参考标准就是执行力。

那么，一个团队要想具备执行力，首先的要求是什么？答案是“理解”。也就是说，在任何一个团队里面，没有理解就不可能产生真正的执行。因为理解是一些从实际出发的出发点。

1. 没有理解就没有真正的执行

我们用一个游戏案例来证明理解对执行的重要性。

在培训现场，主持人请大家每个人双手拿一张白纸，闭上双眼，听他讲两句话，按这两句话做。在整个过程中请不要讲话。

第一句话：请将手中的白纸对折一遍，并在其左下角撕去一个半径为 1 厘米的 1/4 圆；

第二句话：请将手中的白纸再对折一遍，并在其右上角撕去一个边长为1厘米的正方形。

做完之后，主持人请大家睁开眼，打开手中的白纸，互相对照一下，看看是否一样。

结果是五花八门，出现了各种各样的图形。

为什么会出现这样的结果？原因有三个，一是主持人讲得不够清晰，无法让台下的人完全理解他的意图；二是主持人不允许大家讲话，这就剥夺了大家沟通的权利；三是台下的人过于顺从主持人的权威，不愿打破规则去弄清楚一个本来就非常模糊的命令。

这三条原因导致的最大结果就是“理解不足”，没人敢保证自己做出来的东西就是主持人想要的结果。

这种现象在团队工作中并不少见。一些团队领导在布置完工作后，最后却发现手下交上来的工作与他的期望差异很大，甚至截然相反。这时候，我们最常听到的一句话就是“你到底领没领会我的意图?”

贸然把责任推到手下的团队成员身上是错误的。因为在很多时候，虽然结果是手下成员做得不到位，但原因却出在领导身上。如果团队领导不是用模糊的、笼统的语言去安排工作，而是用具体的、量化的语言去安排工作，团队成员就能够更好地理解领导的意图，更好地完成工作。

一些人在谈对执行力的认识的时候，出于某些私心，不顾现实的情况大谈而谈“没有任何借口”，这虽然符合了某些企业老板的胃口，但对企业的实际工作却不一定能带来好处。

要知道，企业不是军队，企业更多的工作是需要沟通而不是命令强制，“没有任何借口”虽然能打造一支执行力很强的队伍，但这支队伍的凝聚力是不是很强，就不好说了。因为从最不好的一面来看，“没有任何借口”这种理念实际上是在宣扬上司的权威不可挑战，而下属的尊严得不到重视。

怀疑是人的天性，而“没有任何借口”却扼杀了人的这种天性。在这样的一种精神氛围下，即使大家表面上什么都严格执行了，但内心是不是认同公司的文化，仍然是个未知数。一旦公司出现了经营危机，这支队伍还能不能在“没有任何借口”的口号下严格执行上司的命令，谁都不敢保证。

皇明太阳能集团董事长黄鸣在他的《什么样的人企业坚决不能用》一文中说：

执行是一种没有任何借口的行为，理解了要执行，不理解也要执行，没有什么理解与不理解，公司的命令都要执行，按照字面的意思执行，这是一种文化，铁的纪律，如果不执行，不想去理解，说明这个人的职业道德有问题，命令什么内容都听不清，谈何敬业？

有人在听指令的时候“选择性吸收”。他们是怎么选择的？他们选择适合于自己主观意愿的，顺着坡往下滑，这种是潜意识，我愿意的我执行，我不愿意的我不执行，就是这么回事，我重视的就执行，不重视的就不执行，不重视就是罪，不理解也是罪，都是不允许的。

如果所有的公司老板或者团队领导都这么理解“执行”和“没有任何借口”之间的关系，怕是麻烦就大了。如果说“理解了要执行”这句话还能让人们认同，那么“不理解也要执行”这句话就有点让人郁闷。

既然是不理解，又如何去执行？难道真的要“按照字面的意思执行”？假如字面的意思也是含混不清的呢？就如同本节开头所讲的案例，主持人的字面意思也是含混不清的，我们还要不要执行？

我想，任何一名企业中的领导，不管是老板还是其他的中高层管理人员，都应该首先弄明白的是：我们为什么要执行。

我认为，我们不是为了执行而执行，我们是为了实现某一目标而执行！没有人敢否认，虽然企业内部有管理层和普通员工的区别，但员工却并不就比上司笨。除了个别员工，大多数人都能认识到执行力的重要性。

问题是，在“不理解”的情况下去执行，我们能得到什么？如果运气好的话，也许员工能够“瞎猫碰上死耗子”，恰恰执行到位，但这种情况显然不具有普遍性。所以，“不理解也要执行”，除了能够证明上司的权威性，我实在不知道还能得到什么！

所以我认为，一定要有理解，然后才能有良好的执行。员工不是机器，他会在工作中遇到许多突发事件，如果没有真正的理解，他是无法在执行的过程中应对这些突发问题的。

当然，对于某些特殊情况，比如员工虽然无法理解某项工作的深层含义，但却明确地知道自己应该做什么，这个时候强调没有任何借口的执行是可以理解的。

总体来说，不理解也要执行应该分两种情况来分析对待：

（1）不理解的是某项工作的意义

比如说某个销售人员卖出了一台机器，结果购买者反悔了，要把机器退回，去买另一个品牌的机器。这个时候销售人员出于对自身利益的考虑，通常不会乐意对方退回机器。而公司领导从更大的角度来看这个问题，认为应该接受客户退回机器的要求，这样虽然少卖了一台机器，但却提升了公司的服务品牌。

在这种情况下，销售人员就应该“没有任何借口”地执行总部的命令，虽然他意识不到这一行为的意义，但他能清楚地知道公司总部要求他做什么。如果公司的员工在清楚地知道自己应该怎么做的时候不去执行，公司的执行力才是真正出了问题。

（2）不理解的是具体的工作行为

这就是我们上面所说的上司交代不清，下属无法执行，或者即使执行也无法达到要求的情况。

这种情况也应该分两方面来看，一方面是上司交代不清，而又不允许下属询问，这时候所有的责任都出在上司的身上，下属实际上无法执行。

另一方面则是上司由于某些原因没能把工作交代清楚，下属有足够的时间去找上司沟通但却没有这样做，这时候问题就出在员工身上——他缺少沟通能力。对待这样的员工，要么及时跟他沟通，告诉他不清楚的地方可以及时来问；要么就把他开除掉，另换新人。因为一个不懂得沟通、不敢主动跟上司沟通的员工，是没有勇气独立面对一项工作的。

2. 巧干比蛮干更重要

中层干部的工作秘诀是用大脑想问题，用智慧去工作。他们在脚踏实地的基础上注入创新精神，使得企业迅速打开了工作局面，取得了意想不到的成绩，同时还激发起了团队的士气。实干加巧干，就是一种事半功倍的工作方法与领导方法。

巧干就是“发挥人的主观能动性，战胜一切困难”，就是开动脑筋、不拘一格、法无定法地寻找解决问题的办法的思维方式。比如，斧头砍树既慢又累，这是蛮干；锯子伐树则省时省力，这就是巧干。

不成功的企业通常有一个毛病，那就是蛮干。一般见到眼前有利益就心动了，不做周密的调查、计划，立刻上马开工。比如，当年国内生产彩色显像管的流水线只有4条，一些企业见有利可图，纷纷上马引进，转眼间中国就有了100多条生产线，造成生产过剩，白白浪费了许多资源。

联想老帅柳传志的经典名言就是：“撒上一层新土，夯实，再撒上一层新土。当确认脚下是坚实的黄土地之后，撒腿就跑。”柳传志还说：“没钱赚的事不能干；有钱赚但是投不起钱的事不能干；有钱赚也投得起钱但是没有可靠的人去做，这样的事也不能干。”

正是因为柳传志知道革命不能胡干蛮干，所以保证了联想在20世纪90年代初的房地产泡沫经济运行过程中没有跟风，并因此抓住了其他竞争对手实力下滑的时机一跃而出，从此一路领先。

团队想要在激烈的竞争中生存发展，领导者就得想方设法在“巧”字上做文章。

海尔的市场调研人员在四川调研时，不断接到农民的投诉，说是洗衣机的质量不好，排水管经常排不出水。他们感到很吃惊。

经过调查才发现，原来许多农民都有用洗衣机洗土豆和地瓜的习惯，让泥巴堵住了排水管。总部得知这一情况后，就“异想天开”地设计出了既能洗衣服又能洗土豆的洗衣机，深受当地用户的喜爱。当然，海尔也从中获得了效益的提升与知名度的扩大。

工作中，有些事情你如果没有经验，也没有遇到过，犯错误是在所难免的。在这种情况下，记住教训不失为一件好事。这样在以后做事时，便可以一次就把事情做到位，不给自己留下遗憾和总结教训的机会。

分析事情的成功因素，预见过程中可能出现的意外情况，并制定出应急方案。

被誉为“日本最伟大推销员”的原一平，刚开始推销保险时业绩平平，甚至连房租都交不上，他只能睡在公园的长椅上，用自来水洗脸。

原一平反省之后，开了专门针对自己的“批评会”，请五六个同事或者投保客户吃饭，只为让他们指出自己的缺点，比如“你的个性太急躁了，沉不住气”、“有点自以为是，听不进别人的意见”、“常识不够，必须加强进修”……

原一平把这些“逆耳忠言”记录下来，随时反省和鼓励自己，使推销工作日益完善和成熟。最后，原一平获得了销售业绩连续15年保持全日本第一的佳绩。

上海一家机械公司的老总说："我们这一行最迫切需要的，就是'能想又能干的人才'。在我们的生产与行销体系中，每一件事都能改进。"不要等到别人督促才想着解决问题，更别信奉"少做少犯错"的谬论。

如果你对自己的期望比老板对你的期望高，你就无须担心失去工作。如果你能达到自我设定的高标准的工作要求，晋升也就指日可待。

好的执行是"带思考的执行"，光想不执行、不做事肯定不行，只执行不思考也肯定不行。作为员工，做任何工作，第一要思考的就是要弄明白为什么做这件事情。

对个人来说，带着思考去执行要比没有任何借口的执行更有现实意义。因为只要是人，在工作中就会有各种各样的想法、各种各样的疑问。如果不能理顺这些想法，解答这些疑问，人们的执行可能就会不到位。

举例来说，在日本，河豚加工去毒需要经过30道工序。这些工序少了一道，都可能造成食客中毒的危险。对于执行力比较强的人来说，他们即便不了解这30道工序中每道工序的作用，也能够完全执行。但是，对于有的人来说，他们可能会因为对某些工序的不理解而减少工序，从而造成食客中毒事件的发生。

事实上，不需要带入个人理解的工作非常少。即便有，也大多已经由先进的机器设备代替。许多工作之所以要由人而不是机器来做，就是因为它有太多的不确定性，需要靠人的知识来做出正确的选择。

所以，要求员工没有任何借口地执行，在某种意义上意味着把人看作了机器，并不能最大化地发挥出人的主观能动性。通常的说法就是在雇用员工的双手，而没有雇用员工的大脑。

万科总裁郁亮就认为，要鼓励员工进行“带思考的执行”，而不是机械的执行。他反对员工读一些带有“奴性思想”的执行力的书。像《没有任何借口》这样的书，他坚决不允许下属去读，他认为这有点愚弄下属的味道。

郁亮认为，好的执行是“带思考的执行”，光想不执行、不做事肯定不行，只执行不思考也肯定不行。作为员工，做任何工作第一要思考的就是要弄明白为什么做这件事情。据说，万科内部一直都强调：员工在所属的专业领域里面要比上级想得更广、更深，因为你在负责这个事情，应该提出更好的方案。

带着思考去执行，不仅可以更好地完成工作，更重要的是，它对个人成长非常有帮助。一个只知道执行不知道思考的人，不会去琢磨是否有更好的方法可以提高工作绩效，更不会去想办法改进自己的工作方法。更重要的是，他不会在工作中反思自己能力上的欠缺，从而无法通过弥补自己的能力欠缺而获得成长。

一个人要想快速获得成长，最有效的办法就是在工作中发现自己的不足，然后有针对性地去学习以弥补不足。而这些，就需要我们在工作中具备思考与反思的能力。

3. 总结经验很必要

美国一位著名的成功学家说过："不给第二次犯错误的机会，只有这样你才会成功。成功，就是少交学费。"一家国内500强的著名企业家，在办公室墙上挂着这样一句话："总结昨天，做好今天，明天不犯错。"

我们没有时间纠结于昨天的错误，而是要总结昨天错误所带来的经验教训，干好今天的事，在明天少犯错或者根本不犯错。工作中"每日三省"就显得尤为重要。

总结教训，平日里做事，注意提高结果的成功率，尽可能地想办法把事情一次做对。做事的正确率和效率在不断地提高，组织和上级才会越发看重你，待遇也会因此水涨船高。

总结教训不是沉湎于"总结教训"，而是从今以后绝不再犯错，坚定不移地实践"一次做对"的理念。

风沙过后，三只骆驼与主人走散了。面对茫茫沙漠，两只小骆驼心中茫然，此时经验丰富的老骆驼说："你们跟我走吧，我以前曾在这里迷过路！"

一只小骆驼轻蔑地说："你经常走错路，我们怎能够相信你呢？说不好这一次你又会害了我们！"老骆驼从容地说："我承认自己没有'老马识途'的能耐，也不敢保证一定就能顺利地走出沙漠，但是我经历过多次逆境，心态上很好，既不会急躁，也不会放弃。多次的失败经验，使我可以确定'往哪个方向走是错误的'。你们跟着我一起上路，走出沙漠的可能性会更大！"

最终两只小骆驼决定跟老骆驼走，老骆驼领着它们经过三四天的艰苦跋涉，终于走出沙漠，找到主人。

人总有某方面是弱项，既然是弱项，就要避免在此栽跟头，尽量去提高优势和特长。

日本著名服装设计大师三宅一生设计的服装款式始终独树一帜。这位大师有一个有意思的做法：选择布料时，请厂商提供纺织、印染失败的布料，从这些“残次”的作品中找到特殊的创作灵感，设计出最具独创性的作品。用失败的布料设计出的服装不仅没有失败，反而独一无二地引领世界的流行潮流。

被称为“经营之神”的松下幸之助说过，成功的企业和管理者都要善于总结。他一再强调“团队做到一定的规模，领导者就必须要总结。看究竟是做对了，还是做错了，一旦发现错误就马上改正”。

经营中不可能总是增长、市场赢利，也会遇到市场低谷甚至失败。失败很正常，失败也不可怕，可怕的是失败之后仍然不知道失败的原因。失败是成功之母。如果我们对每次失败或挫折都加以认真研究，找到原因、汲取教训，就会为下一步的成功奠定基础。

伊莱克斯是全球最大的白色家电生产商，在100多个国家建立了业务，全球员工19000多人。目前，伊莱克斯已占中国家电13%的市场份额。但是，轻视本土化曾经让伊莱克斯在中国市场连摔跟头。

早在1987年，伊莱克斯就在中国合资建厂，使用的是其在全世界普遍采用的老办法：只出钱占股份，不参与管理和营销。然而，这个办法在中国却失效了：合资企业连年亏损。

1996年，伊莱克斯采用直接出资但不参与管理的方式与长沙中意冰箱牵手，第一年合资公司生产冰箱不到3万台，全年销售不足1万台，每天的亏损达30万元。到了1997年，伊莱克斯中国业务竟然亏损2亿元。而且，进入中国10年有余的伊莱克斯在消费者心目中仍十分模糊。伊莱克斯甚至一度有退出中国市场的想法。经过痛苦的反思、认真的总结，伊莱克斯终于找到了自己的毛病，那就是“水土不服”。

为了让自己彻底地“入乡随俗”，伊莱克斯聘请了原百事可乐食品中国公司总裁刘小明出任伊莱克斯中国区总裁，而且瑞典总部干脆采取了近乎“放手不管”的做法。刘小明上任后，就采取了高额的终端返利、控制成本和低价策略等“土”方法，6年内将伊莱克斯的市场规模扩大到了30亿元人民币，成了伊莱克斯的大功臣。

失败并不可怕，能够通过失败汲取教训而后成功的企业，无疑是一个成熟的企业。看看那些国际上著名的“百年老店”，谁没有失败的经历或者危机四伏的时候，但他们与一般企业的区别在于：能够从一次次失败中汲取教训，走出困境，再次崛起。

毫无疑问，失败是一笔特殊的“财富”。虽然时间不能倒转，历史有时却可能重演。失败和胜利同样是中层主管要研究和总结的。失败并不可怕，可怕的是失败后重蹈覆辙。因此，企业应该加强对失败的研究。

海尔 20 年来的成功不仅仅是在成就上，还在思想上。人们普遍认为：海尔成功是因为有了张瑞敏，因为张瑞敏不仅仅是一位成功的中层干部，更是一位企业的思想家。

张瑞敏的独到之处在于，每逢关键时刻都能提出指导思想，做出决策。更可贵的在于每次决策过程中，他都有个做“两次决策”的习惯，即在做决策时，都要考虑到这个决策的后果和影响，进而做出决策后的二次决策。

张瑞敏经常把经验上升到理念高度，而后又通过他的讲话等种种宣传渠道，贯彻到海尔中层干部和员工中去，使得海尔从一个成功不断迈向另一个成功。

作为一个中层干部，不仅要善于总结经验教训，也要让员工在工作中及时总结经验教训，该改进的改进，该保持的保持，该发扬的发扬。这才是积极、主动的工作态度，才能保证圆满地完成企业的奋斗目标。员工不断地总结思考、勇于探索，于员工自己，于企业团队，都会有丰厚的收获。

第二节　有效执行：中层干部就是“解决问题”的人

中层干部必须明白：我是为解决问题而存在的，有些险峰必须要自己攀，有些龙潭必须要自己闯，这就是我的职责。

1. 战略上藐视：一切困难都是“纸老虎”

企业里，中层干部执行任务时，肯定会遇到各种各样的困难。

困难不可怕，可怕的是对困难的畏惧。只有藐视困难，才能最终战胜困难。中层干部带团队，就是要带出一支“藐视一切困难”的队伍。

藐视一切困难，体现在企业身上就是能在不利的环境下克服困难。藐视一切困难，让海尔这个没有任何背景的民营企业迅速成长。

海尔的前身是青岛市一家濒临倒闭的小厂，最困难时企业已发不出工资，剩下不到几百名人心涣散的员工。张瑞敏正是在这时“藐视一切困难”，担起了这个重担。

他进厂后，先是用13条纪律杜绝员工的不良习惯，又借钱给员工补发工资，稳定了军心，接着引进德国“利勃海尔”技术，向着国内电冰箱第一品牌的目标迈进。

“困难像弹簧，你弱它就强”，张瑞敏以及中层干部带出的队伍没有被困难压倒，将海尔建设成一家大型国际化企业集团，多次蝉联中国最有价值品牌第一名。

中层干部的使命，就是不惧困难，排除万难，去争取胜利。一个团队具备了这种精神，就能够在困境中求得生存，在顺境中获得腾飞。

2. 战术上重视：决策时，有勇有谋者胜

“两军相逢勇者胜，两强相遇智者胜。”中层干部决策时，头脑中既要有“勇”字，也要在关键时刻有“智”。中层干部指挥有度，让手下的员工做正确的事，任务才能越干越好。

中层干部决策时，既要有勇气和魄力，也要有眼光和智慧，既要

小心前进途中的陷阱，更要有把握巨大的机遇的能力。

20 世纪末，一个叫彼德·杰克逊的年轻导演找到了好莱坞的新线影业，说自己要筹备拍摄一个大项目，史诗大片，可能分为上下集。

杰克逊之前曾到处游说这个大项目，即使这部片子的原著有点名气，但没有一家好莱坞公司愿意接单，主要原因是：片子里没有一线的大明星，彼德·杰克逊又不是大导演。而新线影业的总经理罗伯特·谢伊却说："据我所知，这个原著分三部，咱们为什么不拍成三集呢?"

彼德·杰克逊当场惊讶万分，简直不敢相信自己的耳朵。谢伊这句话说得轻松，但是心里很清楚：自己是在赌上身家性命。万一片子输了、票房惨淡，新线影业肯定被母公司华纳公司吞并，自己跟着下岗，整个职业生涯将万劫不复。由于三集电影同时拍摄，只要第一集搞砸，后面两集立马会成为没有人要的臭鸡蛋。

有胆有识的谢伊，最终还是凭着自己的经验和敏锐的嗅觉赌对了。由他制片的这个大项目，也就是《指环王》系列三部曲，共耗资 3 亿美金，全球票房总计高达 20 亿美元，实际票房毛收入高达 60 亿美元，并在奥斯卡获得史上最多的 11 项大奖。

第三节　贯彻执行：加强团队的服从意识

服从也应该是员工的天职，每一位员工都要服从上级的安排，如同一个士兵，在战场上必须服从将军的指挥一样。

1. 没有服从，何来执行

服从命令就是执行。没有执行，一切战略只不过是纸上谈兵。对于一个团队来说，只有团队成员绝对服从与执行，才能把一切资源、力量整合起来，才能把战略变成现实。因此在团队中，服从与执行才是最重要的。

大到一个国家，小到一个企业、部门，其成败很大程度上取决于是否完美贯彻服从的观念。

服从命令就是执行的保障，假如员工不能执行好公司策略，又如何能创造卓越的业绩呢？如何让公司的目标实现呢？杰克·韦尔奇就说：“战略不过是一张纸而已。如果没有出色的执行，战略是没有用的。”

塑造团队成员的服从精神，是中层干部带兵不可缺少的一部分。企业是一个指挥与服从的系统。在一个企业中，员工能够无条件地服从上司的命令，就容易达成共识，实现目标；反之，就会出现内耗，难以实现目标。

华为老总任正非一直很重视员工的“服从”意识。有一次，华为在深圳体育馆召开一个6000人参加的大会，要求保持会场安静和整洁。整整4个小时中，没有响一声呼机或手机。散会后，会场地上没有留下一片垃圾。

中国北方规模最大的消费品流通企业物美集团，其董事长张文中经常说：“纪律就是物美文化的核心内容，纪律是保证执行力的先决条件。什么是纪律？纪律首先是服从，下级服从上级、部门服从公司、公司服从集团。令行禁止，决定的事和布置的工作必须有反应、有落实、有结果、有答复。服从是任何一个职业经理人的基本素质，也是对所有物美干部员工的基本要求。”

形成纪律是一名员工、一个团队在复杂多变的竞争环境中生存、发展乃至成功的基础。从学习规则，遵守纪律，树立纪律意识，刻意使行为服从于纪律，到自觉把纪律变成自己的习惯，需要一个较长的过程，需要克服自身的许多不完善之处。中层干部只有把纪律变成习惯，企业才能具备持久的战斗力。

巴顿将军是美国历史上个性最强的四星级上将，他在纪律问题上，对上司服从的态度毫不含糊。他深知，服从命令是军人的天职，是保持部队战斗力的重要因素，也是士兵们发挥最大潜力的保障。

1943 年 3 月 6 日，巴顿临危受命为第二军军长。他带着铁一般的纪律深入营区。每到一个部队，他都要求士兵对诸如领带、护腿、钢盔甚至每天刮胡子之类的细则都要严格执行，虽然巴顿因此不受欢迎，但是第二军却发生了变化，不由自主地变成一支顽强、具有荣誉感和战斗力的部队。

在决策层面，员工的职责是服从与执行，而不是疑问或自作主张。中层领导就是中层领导，员工就是员工，员工服从决策与否比决策本身正确与否更为重要。服从是第一生产力。有令必行、有纪必守的企业才有高效率，才有竞争力。

东北一家国有企业破产，被外资收购后，外方却什么都没有变，制度没变，人没变，机器设备没变。外方只是坚决地要求：把先前制定的制度坚定不移地执行下去。结果不到一年，虽然“人还是昨天的人，枪还是昨天的枪”，但企业居然就扭亏为盈了。企业的成功30%靠战略，70%靠执行，执行要比战略更重要！

联想每年都要举办全国性的市场活动，每次都是几百个城市同时举行，足见其巨大的运作和控制能力。但就是以强大的执行力著称的联想，同样面对过执行不力的困惑。联想在1999年进行ERP改造时，业务部门不积极执行，使流程设计的优化根本无法深入。因此，在联想ERP的“遵义会议”上，面对联想所有的高层职员、各子公司的总经理，柳传志雷霆震怒道：“(ERP) 必须做好，做不成，我会受很大影响，但我会把李勤（副总裁）给干掉！”李勤当即站起来表态说：“做不好，我下台，不过下台前我先要把杨元庆和郭为干掉！”

这次会议后，杨元庆、郭为责无旁贷地在子公司推进ERP，各个子公司都成立了ERP领导小组。ERP由此进入快速通道，项目实施的五阶段——范围评估、目标确认、流程重设计、系统配置、测试交付，一关接一关地突破。在联想人的智慧指引下，联想ERP长龙中各归其位。1999年12月，是联想有史以来业务的最高峰，仅北京的营业额就达19亿元。2000年年初，王晓岩完成了联想的ERP改革。

从联想的ERP改革可以看出，服从正是不折不扣执行的起点。中层干部在企业里让员工树立起服从的观念，也是在企业里构建“执行”的起点。

强化服从意识，严格按照条令条例规范员工行动，把纪律养成渗透于工作、学习和生活方方面面的习惯，建立正规的工作和生活秩序，不断提高正规化管理水平，才能带出有纪律、有秩序、有团结、有执行力的过硬团队。

2. 让规范成为习惯

贯彻执行时，首先要服从命令，接下来就是按照流程执行。习惯都是养成的，如果我们能够坚持下去，每份工作都认认真真地按流程执行，不用多久，规范化工作就会成为我们的习惯，流程也就会成为我们工作中的潜意识标准。

人们在按流程执行的时候，一开始都会感到不习惯。毕竟多了一些约束，不能像以前那样按照自己的想法，随心所欲地工作了。

华为在引进 IBM 的流程管理时，任正非明确提出，无论流程是否合理，都要“先僵化、再优化、后固化”。具体来说，就是在将流程体系引进到公司的时候，即使它并不能完全适用于公司的现状，也不能立即进行修改。而是要大家“削足适履”，努力去适应新的管理模式。

等到大家在新的管理体系下养成规范化工作的习惯后，再对管理体系中不合理的部分进行优化，使之适合公司的发展现状。而优化之后，接下来就是对管理体系进行固化。任正非所谓的固化，就是例行化（制度化、程序化）、规范化（模板化、标准化）。

显然，任正非强调的“先僵化”，实际上就是要求所有的员工，无论新的管理体系是否合理，都要在开始的一段时间无借口地执行它。这实际上就是磨炼法则。

人们的许多行为都是习惯的产物。事实上，许多人的工作习惯并不见得有效率，但因为是习惯，所以当事人才觉得顺手，才觉得自己的工作方法是最有效率的。

以键盘为例，我们现在所用的键盘上二十六个字母的排列顺序并不是最合适的，也不是最有效率的，但因为人们都已经习惯了现在的用法，所以即使你再找出更有效率的键盘排序方式，人们也难以接受。

键盘上26个字母从上到下是按如下顺序排列的：QWERTYUIOP、ASDFGHJKL、ZXCVBNM。当初为什么要如此设计？是因为这样的设计使打字速度最快吗？

答案是否定的。

在19世纪70年代，肖尔斯公司是当时最大的打字机专业生产厂家。据说，由于当时的机械工艺没有现在这么发达，因此该公司生产的打字机字键在击打之后弹回速度较慢，一旦打字员击键速度太快，就容易发生两个字键绞在一起的现象，必须很小心地把它们分开才行。这样一来，敲字速度就会很慢，为此，公司经常受到客户的投诉。

为了解决这个问题，设计师和工程师提出了许多解决方案，但仍无法增加字键的弹回速度。后来，有位聪明的工程师提出：既然问题出在字键的弹回速度太慢，而打字员的敲击速度太快又加重了这一现象，为什么不想办法降低打字员的击键速度呢？

要想降低打字速度，最好的办法就是打乱26个字母的排列顺序，并且要把较常用的字母摆在较笨拙的手指下，比如，字母“O”是英语中第三个使用频率最高的字母，可以把它放在右手的无名指下；字母“S”和“A”也是使用频率很高的字母，可以把它放到左手的无名指和小指下面；而使用频率较低的“V”、“J”、“U”等字母，却可以交给最灵活的食指来负责。

这就是现代键盘诞生的来源，26个字母的顺序也定型下来，并一直使用到现在。虽然后来随着工艺的发展，字键弹回速度远大于打字员的击键速度，也曾经有人发明了更合理的字母顺序设计方案，但都无法推广，因为大家已经习惯了当初的排列顺序。

流程也是如此，一开始的时候，我们可能觉得它烦琐，不方便。但只要坚持按照它要求的规范工作，不用多久，我们就会习惯。而当我们习惯之后，即使某些时候有更快速的捷径可走，我们也会拒绝。

标准化的好处显而易见，它减少了风险，提高了效率，降低了企业的经营成本。

在全世界的所有国家里面，大约没有哪个国家能像日本那样做什么事情都先找相关指南。一位客居东京数十年的人这样评价日本人：行路，他们要看地图；吃饭，他们要购买餐馆介绍；恋爱，他们要先买求爱必读；甚至逛烟花柳巷、搞自杀，他们也要预读入门指南。前些年，不知谁写了本自杀指南，弄得日本社会好长时间不得安宁。

日本人的这种事事按“指南”去做的行为，放到生活中看，难免显得呆板。但要是从企业的角度来看，却会显现出极大的魅力。事实上，日本人的严谨与高效，正是依赖于这种“凡事都要标准化”的做法。

流程管理的一大特点就是“凡事都要标准化”，也就是工作程序化，行为标准化。从某种意义上讲，标准化管理的内涵就是任何工作都要“可量化”，都要有一个行为标准。

任正非在他的一篇文章中谈到了如何通过标准化管理提升公司的竞争力：各流程管理部门、合理化管理部门，要善于引导各类已经优化的、已经证实行之有效的工作模板化。清晰流程，重复运行的流程，工作一定要模板化。一项工作达到同样绩效，少用工，又少用时间，这才能说明我们的管理进步。例行化（制度化），规范化（模板化），两化的结果是固化，也是简化。有了固化和简化，就可以使我们在进一步夯实的管理平台上，再建一层楼，使公司核心竞争力获得持续的、有质量的提升。

企业的领导应该尽可能地把工作都量化和标准化，这不仅仅是为了更好地管理，也是为了公司能够获得可持续发展的竞争力。而作为员工，在标准化的流程管理面前，似乎也没有必要埋怨和抵触。毕竟，标准化管理只会提升你的工作效率和业绩，而绝不会给你带来工作障碍。

第四节 只要结果：中层狠抓执行力，企业才能出效率

在企业中不仅要保证完成任务，更要给出好的结果。这一要求需要企业的中层干部传递给基层员工，这样整个团队才能获得强大的执行力。

1. 只信一句话："保证完成任务"

"保证完成任务"是军令状，就是不惜一切代价获得想要的结果，是任何企业谋求发展的强大执行力。

1998 年 8 月，四川贡嘎山的一家用户想要购买一批变频空调，当他拨通海尔营销中心的电话后，得到承诺"没问题，明天一定送货到位"。有送货员提出疑问说："天气预报说，明天康定有暴雨……"配送部负责人回答道："就是下刀子也要想办法送货安装！"

第二天，果然下起暴雨，贡嘎山的山洪飞一般地倾泻下来，即便是柏油马路也有近膝深的雨水。"就是背，也要把这批空调背到用户家！"海尔配送部负责人身先士卒，带领着一干配送员，租来自行车，仔细把空调捆绑好，确保不会湿水后，一起把空调送到了 20 里外的用户家。

在商业竞争中，一次完不成任务固然不足以导致企业关门，但是在精神层面上，每次任务失败所带来的损失和伤害都是巨大的。只有

“保证完成任务”的团队才是最优秀的，海尔人就是用“订单就是命令单，必须保证完成任务”的意识，使海尔产品在国内外市场中不断攻城略地。

工作中，只有真正解决问题才是关键，解决问题就是执行有力，就是给出结果。接受任务不是关键，“完成”任务才是关键。完成任务，强调的是一种以结果为导向的敬业精神。无论做什么，到最后都只能拿成绩说话，其他的一切都没有说服力。

真正敬业的人才都是实干派，都会老老实实研究并解决问题，拿出具体问题的解决办法，而不是进行无意义的争论。

在某外企担任副总的李馨媛，老家在山东一个村子里，小学时成绩中游偏下，初中阶段默默无闻，高中阶段中等偏上，高考时凭借“超常”发挥，“搭”上一本线，被外省一所大学录取。

可以说，李馨媛是最理解“成绩就是一切”这句话的含义了。考上研究生，按说她的压力应该小了，别的同学边打工边谈恋爱，李馨媛却是整天抱着书本啃，自嘲地说：“我现在下功夫，是为了按时毕业。”大概是别人的倦怠成就了她，毕业时李馨媛因为成绩优秀，被保送博士连读，后来被学校推荐公费赴美留学！

为什么出国名额会落在李馨媛头上？所有认识李馨媛的人都很疑惑。实际上，读研三年间，李馨媛很本分地做学术、做试验，毕业之前已经在国际权威杂志上发表过几篇有分量的论文，在高分子材料领域方面不知不觉已做到世界顶尖水准，成为业界的年轻专家。就这样，留学归来后，李馨媛被一家德国公司以年薪 20 万美元聘走，成为该公司在中国区的副总。

微软公司有一句格言："没有任何职位是靠运气获得的。"只有付出努力、给出好的结果，你才能取得高薪的待遇。生活中，很多人得到一份好差事，却很少懂得去重视它，忙着拉关系、找贵人，却没有努力提高自己的业务能力。

某著名电力机构有一个提副处的名额，主要的候选人有两个，一个是跟局长关系"最铁"但业务水平一般的小黄，另一个是业务能力超强、在同事中口碑不错的小夏，结果局长最终提拔了小夏。这个真实的例子说明：结果和能力才是决定高职位和高收入的重要筹码。

好莱坞电影《甜心先生》里，有一句经典的台词，橄榄球明星对着他的经纪人在电话里大声吼："让我看到钱。"这其实也是组织对员工的心声。给出结果，不是只跟上级汇报"我在干"那么简单。

电影《时尚女魔头》中，著名时尚杂志社主编米兰达，对新人的要求简直可以用"残忍"来形容：要求你办的事，必须办到，不管用什么方法。

最初，新助理安德丽娅被折磨得快要崩溃，差一点就辞职不干，一位好心的设计师前辈提醒她说："你没有资格挑剔上司，作为下属，你的工作就是执行并完成。"

安德丽娅顿时茅塞顿开，后来主编让安德丽娅想方设法弄到《哈利·波特》未出版的手稿给女儿看，她奇迹般地做到了。在这位挑剔上司的"野蛮调教"下，安德丽娅迅速成长为"无所不能"的助理，给出结果的能力有了质的飞跃。当她时机成熟去喜欢的报社应聘时，这段经历成为她宝贵的一笔财富。

做出好的结果，圆满完成任务，你就能赢得组织赏识，获得加薪和晋升的筹码。组织都渴望那种遇事不上交、想尽办法去完成任务的人。一家全球500强公司的总裁这样说："对于业绩出色、执行力强的敬业者，我愿意为他付出任何他想要的待遇。"

2. 只有一条原则：按时按要求完成任务

中层干部要保证任务按时按要求完成，即使是付出一定的代价也在所不惜。

德国客户史密斯先生，有一次要求海尔必须在两天时间内准时发货，否则订单便会自动失效。两天内发货，意味着当天下午所要货物就必须装船，而当时正是星期五下午2点，如果按海关部门5点下班的时间计算，只有紧迫的3个小时。

坚持"按时按要求办事"的海尔人迅速行动起来。几分钟后船运、备货、报关等工作同时展开，各级中层负责人全力以赴，就是为了同一个目标：确保货物在当天下午发出。

时间一分一秒地流逝，空气紧迫得令人窒息，每个中层干部和员工都行色匆匆……

当下午5点半史密斯先生收到"海尔货物发出"的消息后，立刻赞叹连连，他特地发来了一封感谢信说："我做家电十几年了，还从没有给一个厂家写过感谢信，但是海尔的效率，使我不得不这样做！"

张瑞敏信奉的"今日事，今日毕"，早已渗透到中层干部的心中，也同时下达到基层员工的行动和意识上。海尔人只明白这样一件事："今天的工作，就要按时按要求完成，否则便是失败。"

第五节　相信团队：集思广益的执行思路

古希腊神话中的英雄安泰，每当与敌人决斗遇到困难时，便往大地母亲身上一靠，由此重新获得力量，击败对手。

企业工作的顺利展开，离不开中层管理者对员工的信任。只有信任员工，团队的执行力才能够充分发挥。

1. 坚定不移地依靠群众

相信群众就是信任员工。企业工作的顺利展开，离不开中层管理者对员工的信任。员工得不到信任，自然也就没有了工作的热情。没有工作热情又让中层管理者更加不信任，如此恶性循环必然会导致企业衰落。信任就是力量，只有信任员工，员工力量才能够充分发挥。

松下公司的分权制曾被美国商业界称为"东洋魔术"。松下从1932年起就实行"产品分类事业部体制"，各个事业部门都有极大的经营管理自主权，在规定资金使用范围和获得利润额的条件下，对所管理产品的开发和人、财、物与供、产、销都有权自主经营、全面管理。总公司不轻易干涉事业部部长的正常工作，这样就大大激发了各个事业部的积极性。

松下公司开始制造电饭锅时，东芝公司的电饭锅产品早已经独占鳌头、雄踞市场了。按一般经营者的常规做法，就会利用别的产品的利润来补偿电饭锅的生产，以促进该产品的发展，可是松下公司却与众不同地把它从原来的电热器事业部中分离出来，成立了一个独立的事业部。这既是信任他们也是考验他们，因此，电饭锅事业部的员工们不得不绞尽脑汁，苦心经营，终于逐渐占领更多的市场份额。

2. 集思广益，开动大家的脑筋

中层干部不要以为动员只是“嘴皮子”的功夫就不重视它。“动员群众”就是要激励员工。通过语言或行动的力量，来把员工的激情、能量、信心激发出来。

美国通用电器公司拥有29.8万名员工，如何调动他们的积极性，使他们为公司带来更多的利润，是该公司总裁约翰经常思考的问题。他认为，众多的员工是公司最宝贵的财富，因此，他于1989年创造了一个称之为“开动大家的脑筋”的活动。

最初开展这一活动时，100名由各个部门推选出来的代表分成若干小组，各自提出本部门的意见和要求，并发表自己的看法，公司高层经理在现场听取每个小组的汇报。根据规定要求，这些高层经理对小组提出的要求只能回答“YES”或“NO”，而不得用“研究研究”、“以后再说”之类的话推诿或搪塞。结果，许多平时难以解决的问题都在会上顺利地解决或得到了满意的答复。

“集思广益，开动大家的脑筋”给企业带来了明显效益。通用公司在飞机发动机修理厂的一次会议上，各小组共提出建议 108 条，这些意见除了针对生产本身外，还谈到了设计厂标和在厂区里建小卖部等问题。员工的建议被采纳后，当年就为企业节省了 20 万美元。

“开动大家的脑筋”就是相信员工，使企业获得直接的经济效益，赋予员工主人翁意识，调动他们的积极性。

中层干部必须承认这样一个观点：人高于一切。在任何时候，企业都应该走群众路线，相信群众、依靠群众、动员群众。没有员工的努力与劳动，中层干部任何好的策划、战略都将被搁置在计划书上。

1984 年，美国评选了 10 家最佳企业，IBM 排名第一，这主要得益于公司坚定的群众路线。IBM 的创始人沃特森被誉为“企业管理天才”。他说：“几乎每一种宣传鼓动都是为了激发热情……当初我们强调人与人的关系并不是出于利他主义，而是出于一个简单的信念：相信只要我们尊重员工，激发出员工的激情，公司就会赚大钱。”

沃特森善于发掘员工的潜力、善于调动员工的创造精神与献身精神，想方设法去刺激员工为公司出谋划策。为了保护员工的工作热情，增强员工对公司的亲近感与信任感，他广开言路，广泛倾听各种意见；他一天工作 16 个小时，几乎每晚都在这个或那个雇员俱乐部中出席各种集会和庆祝仪式，与员工们谈得津津有味；他还大胆采取了终身雇用制，使员工有明显优于其他大公司的工资收入，并经常为员工提供丰厚的福利服务。

3. 找到原因，解决问题

有时候，企业都会遇到员工执行不力的问题。要想解决执行力差的现状，就要找到执行力差的原因。

很多中层领导想当然地认为公司执行力差是员工能力和态度的问题，这种观点其实是不对的。要知道，执行力差是现象，管理不善才是本质。如果把出现问题的原因也归结到现象上来，我们就无法真正解决执行力差的问题。通常来说，执行力差可以分为两个方面来分析：

个别员工执行力差是员工的问题，公司整体执行力差就是老板的问题！个别员工执行力差是能力的问题，公司整体执行力差就是管理的问题！

现在，看看你的身边，再看看你的公司，执行力差到底是个别现象，还是公司内部的普遍现象？如果只是个别现象，相信就不会有那么多的公司老板如此关注执行力的问题了。所以，对大多数企业而言，执行力差不是一种个别现象，而是普遍现象。

团队领导也不得不面对同样的问题：你的团队建立起来了，可是这个团队却缺少行动力和执行力。目标制定了，愿景树立了，大家也都愿意努力工作，可为什么在具体执行的时候总会出现各种各样的问题？

通过对大量国内企业的研究并与外企进行对比，我们可以发现执行力差的原因不外乎以下五个方面：

员工不知道干什么；

员工不知道怎么干；

员工干起来不顺畅；

员工不知道干好了有什么好处；

员工知道干不好没什么坏处。

如果团队领导在制订计划的时候不能够清晰化、具体化，员工即使想把工作做好，也会有“老虎吃天，无从下口”的感觉。还有一种情况也是团队领导需要注意的，那就是团队的计划尽量不要随意改动，如果一个团队的计划总是随意变动，万一团队内部出现信息不对称的情况，团队成员就会变得很茫然，不知道该如何做才是正确的，这个时候就只能靠惯性和自己的理解去做事了。

对于团队成员不知道怎么干的情况，问题往往出在中层领导的身上。中国的很多企业在招聘人才的时候，往往要求对方要有几年的工作经验，这么做的原因之一就是节约招聘新人的培训成本。对于一些专业性比较强的工作岗位，招聘来的新人往往需要经过培训才能上岗，而培训显然就需要花费成本。

外企的员工入职后一般都要经过严格的培训才能上岗，国内企业则不然，要么没有培训直接上岗，要么培训没有针对性和实际操作性。如有的公司对员工做励志培训和拓展训练，使员工热血沸腾但工作怎么干还是不知道；有的公司给底层员工做一些行业趋势、宏观战略的培训，也还是没有交给他们方法。

当然，这里面还有一个比较普遍的深层次原因，就是中层领导业务能力差，自己不知道怎么干，就没法对下面的人说清楚，总监说不清，经理也说不清，最后是真正执行的最底层不会干，有苦说不出。

接下来，团队领导就要观察，你是不是给团队成员提供了顺畅的工作流程。如果工作流程有问题，则浪费时间或者互相扯皮的现象就会出现，这个时候，看起来是团队成员的执行力出了问题，实际上却是上级在制定工作流程的时候出现了失误。

比如：一个营销人员要用2000元的促销费，但是要经过经理审批，经理批完总监批，总监批完副总批，副总批完财务批，财务批完老板批。结果总监出差耽误了15天，副总出差耽误了15天，财务不懂业务，搞不懂这笔钱该花不该花，也不想去求证，就把这事搁置了1个月，最后这笔钱终于批下来了，但是用了3个月，这时候已经不需要做促销了。

这种情况表面上看是营销人员没能做好工作，实际上却不是他不想把工作做好，而是因为工作流程的问题而耽误了时机。为了在自己的权限范围内解决好这个问题，团队领导就要学会科学地授权。

根据马斯洛的需求理论，人们工作的最低需求是生理的需求，说得通俗点就是为了生存。在本土企业的大多数团队里面，团队成员往往处于职位的最底层，也就是说，他们恰恰就是急于通过工作收入解决生存问题的一群人。再考虑到民营企业里面普通员工的待遇状况就会明白，如果员工的收入和付出不成正比，想要让他们“没有任何借口”地去执行团队的工作计划，无疑是很困难的事情。

所以，中层领导一定要让自己的成员知道他们干好了能得到什么好处，比如说提成、奖金、培训机会等，对于还在为生存奔波的人来说，最好的激励就是物质。

当然，如果团队的成员知道干不好也没什么坏处，有什么问题都有上司顶着，他们也不会好好工作。为避免这一现象出现，中层领导在分配工作的时候就一定要把每个岗位的责、权、利都讲清楚，不能只有责任没有权利，也不能只有利益没有责任。当每个人都必须为自己的行为负责的时候，他对自己的工作就不会马马虎虎了。

通过以上分析我们可以知道，员工的执行力差，有时候是自身的问题，有时候却是上司的问题。所以说，如果执行力差是领导的问题，是管理的问题，就要抓紧转变管理思想，完善管理工具，以更好地提升团队的执行能力。

第六节　蹲点与深潜：去基层寻找效率答案

企业的中层干部，大多是某一领域的专家，工作经验丰富，有着较强的解决问题能力，理应经常到基层去，帮助基层员工解决实际问题，这样企业的竞争力才能真正提高。

1. 强化基层，强化执行力

一个企业想要获得较好的竞争力，只有先加强基层建设，让基层获得较强的竞争力。一个企业的基层就像高楼大厦的地基一样，地基不牢，终究是空中楼阁，不会长久；地基牢固了，就能经历各种风险而伫立不倒。

企业基层竞争力的获得离不开企业总部的支持和帮助。一般而言，一个中层干部以及总部里面的工作人员，大多数人是某一领域的专家，经验丰富，有着较强的解决问题的能力。中层干部自己或者经常派总部的工作人员到下面基层去，帮助基层解决实际操作过程中的问题，一个企业的竞争力才能真正提高。

娃哈哈集团是我国企业成功的典范，从东北的长白山天池到西北的阿尔泰山山麓，从东南的海南岛丛林到西南的青藏高原，假如将这些地方任何一间小杂货店的商品目录都抄下来看看，你就会发现，重复出现的品牌不会超过三种，而娃哈哈就是其中的一个。

娃哈哈的管理者宗庆后做事认真，不苟言笑。在创业的18年时间里，宗庆后坚持深入基层工作的作风，一年365天，他有200天的时间亲自奔赴市场一线进行考察。即使不出差，他也在公司内“下基层”，吃的是食堂做的饭，住的是办公室。

不仅宗庆后自己长期深入基层，娃哈哈的销售中高级管理层也是经常坚持在市场一线，而且，业务员、经销商每月至少给公司一次市场反馈信息。通过大量科学、准确的信息，宗庆后看清了国情、民情和市场需求，以及公司自身的优势与不足，所以，娃哈哈结合实际、扬长避短地制定出了正确的企业发展战略，确保了娃哈哈多年来没有犯过大的战略性错误。

即使计算机为主的管理统计工作手段如此先进，也终究代替不了深入实际的调查研究。因为能够深入基层，所以宗庆后始终能够对市场保持敏锐性，能够敏锐洞察机遇，抓住市场的真正需求，让产品卖得好、卖得火。而很多的中层干部失败的原因就在于，自己高高在上，不愿意深入实际，变成了“甩手掌柜”，远离市场、远离客户、远离员工，对市场的敏锐性越来越差，企业的经营当然会越来越举步维艰。

要提升团队的战斗力，就要强化团队的执行力，以保证团队这个“系统”正常运转。要想实现这一目标，就要以最快的速度让团队成员养成一种符合团队要求的行为习惯，这样团队的执行力才会逐渐形成，并逐渐显示出团队的战斗力。

人们普遍地认为，态度决定了一个人的执行力，因此强化执行力的最好办法就是从改变人们的思想入手。但实际上，通过改变思想去改变一个人的行为，是件非常困难的事情。因为一个人的价值观和他的心智模式，往往是经过十几年甚至几十年才养成的，要想在短时间内改变，非常的不容易。海明威有一句名言：你可以打倒我，但你无法打败我。其中所蕴含的道理就是一个人的意志是最难被改变的。

很多中层领导之所以不能管好团队，原因就在这里。他们总想着去说服团队成员，希望通过改变他们的工作态度来改变工作作风。其得到的结果往往是，苦口婆心沟通了很长时间，团队成员当时也听进去了，但过不多久，又旧态萌发，回到原来的工作状态中去。

如果我们换一种方式，通过改变员工的行为去改变他的思维习惯，效果会如何?

相对来说，改变一个人的行为比改变一个人的思想要容易得多。以军队为例，新兵入伍后，每个人的处世方式、价值观并不尽相同，如果通过改变他们的思想去改变他们的行为，其难度之大，难以估量。

但军队采取的是另一种方式，这就是通过三个月的强化训练，每天练习队形、步伐、口令等，强化他们的团队意识。只需要三个月，这些新兵就能达到部队的基本要求，严格按照部队的制度行动。让人深思的是，即使你从没有对他们进行过思想教育工作，他们的思想也在慢慢转变，而这种转变的轨迹就是：从怀疑自己为什么要这么做到相信自己必须要这么做。

军队采取的其实就是通过改变一个人的行为去影响并重塑他的思维。一开始的时候，新兵可能会对自己被强制做某些动作感到不舒服，甚至会拒绝。但当他每天都在重复相同的动作时，随着时间的推移，他会慢慢接受这些动作，并将它变成一种习惯。当新的行为习惯形成以后，他的思想也在随着行为的改变而慢慢变化，最终养成一种新的思想态度。

从部队出来的军人，身上都有明显的部队作风，无论是做人还是做事，都有很强的原则意识，这其实就是部队不断强化他们行为的结果。当然，无论是哪儿的部队，都会对军人进行思想教育，但这并不意味着他们的军人作风是思想教育的结果。如果仅靠思想教育就能改变一个人的价值观，那我们无论是做企业还是带团队，都会容易得多了。因为我们只要时常地对员工进行思想培训就可以了，而无须每天都在“管人”这个问题上大伤脑筋。

正在为管理头疼的团队领导，可以换一种管理模式，思考一下“行为改变态度”的可行性。毕竟，直接去改变一个人的思维模式，不但难度太大，耗时太长，而且容易引起团队成员的不满和抵触，甚至会出现消极怠工、正面对抗等行为。而且，如果互相之间的理念在根本上不协调，很可能会引起团队矛盾的激化，最终导致团队的崩溃。

管理员工的行为相对来说要容易一些。比如，对一个工作态度散漫、做事偷工减料的员工，或者是沟通能力很差、不能正确领会上司下达的任务的员工，以及那些在执行任务的过程中加入自己认为是更高明的另类判断或决策，以至于引起执行偏差的员工，都可以通过贯彻一套标准化、结构化的流程，以及明确的规范和制度来控制和改变他们的行为。

从部队的练兵方式可以看出，强化员工的行为，让他们按照明确的规范养成习惯，虽然他们在开始的时候会觉得受到流程和规范的约束，觉得不适应，但慢慢地，他们就会觉得执行这些标准化动作是很自然的，是合理的。如果别人不按照标准化动作执行，他们反而会觉得“不合常理”。

这时候，按标准执行已经成了员工的一种条件反射或者是潜意识行为，这种潜意识会让他们自觉不自觉地去维护公司的流程和制度，而这个时候，公司的文化也就真正地深入到了员工的思想深处，变成了他们自己的工作文化。

通过行为改变员工的思想，是很多公司采用的培训方式。比如联想的“入模子”、海尔的“6S 大脚印”等，都是非常经典的案例。

“入模子”是联想的一个惯用语，是指每个进入联想的员工都必须进入联想的“模子”，成为与联想需要相符的联想人。一般员工的“入模子”，最基本的要求就是要按照联想的行为规范做事。而这些行为规范，主要是由财务制度、库房制度、部门接口制度、人事制度等一系列规章制度组成，以岗位责任制为核心，员工只需要遵守它、执行它就可以了。

可见，联想针对普通员工的“入模子”，实际上就是在通过一系列的规章制度强化员工的行为。柳传志对此的看法是：“这个模子等于是一个企业的一个规则，做事的规则。有的是用文字把它定出来，有的是用文化把它形成。在任何一个企业里边，如果说大家不遵守一个必要的、共同的规则的话，那么真的什么事情也做不成。所以我觉得这个是肯定要有的，只不过这个模子可以是改了的，就是哪些是可以改的，哪些是坚决不能改的，它永远要有联想的烙印。”

可以看出，柳传志创造的这个“入模子”培训，与军队的强化训练有异曲同工之妙。通过对新员工的行为进行规范培训，建立他们遵守制度的意识，然后对他们进行相应的文化培训，最后出来的员工就能适应联想的制度与文化要求了。

在联想，管理应该管行为，这主要是针对普通员工而言。对于管理人员和骨干人员，联想的“入模子”培训对他们的工作态度和精神提出了更高的要求，这些要求主要包括如下七点：

第一，要有牺牲精神，在工作中要迎难而上、任劳任怨、胸怀宽广、不谋私利；

第二，要有堂堂正气；

第三，要坚持集团的统一性；

第四，要有全局眼光，知道负责的工作在企业中的位置；

第五，要会带队伍（团队）；

第六，要有求实精神；

第七，要有为民族做一番事业的理想。

这七点要求，对那些只想有份工作维持生活的人来说可能并不切实际，但对处于中层领导职位，带领一个团队甚至多个团队的人来说，却是必须具备的素质。团队领导的工作以管理与协调为主，如果他们不具备这种更高的素质，他们就无法带领团队完成任务，也无法带出一支有战斗力的团队。

和联想的“入模子”相似，海尔的“6S 大脚印”也是以管理人们的行为来改变人们的工作态度。

海尔“6S”的内容是：整理，留下必要的，其他都清除掉；整顿，有必要留下的，依规定摆整齐，加以标识；清扫，工作场所看得见和看不见的地方全清扫干净；清洁，维持整理、清扫的结果，保持干净亮丽；素养，每位员工养成良好习惯，遵守规则，有美誉度；安全，一切工作均以安全为前提。

据说在开始的时候，“6S 大脚印”主要是一个惩罚措施。如果有员工违反公司的规定，就要站到大脚印上反省，并受到公司制度的惩罚，直到认识到自己的错误，受到教育为止。后来，海尔根据需要对它的内涵做了延伸，除了违反制度要站上去反省外，那些工作非常优秀的员工，也可以站上去分享自己的成功经验。

无论是惩罚还是奖励，“6S 大脚印”的目的只有一个，就是通过“站脚印”这个制度化行为，改变人们的工作态度。虽然它不是直接管理员工的工作行为，但它同样起到了用行为改变态度的效果。

以海尔美国公司为例，美国的员工根本不愿意站在大脚印上充当“反面教员”。他们认为有错误可以罚款，可以解除合同，可以失业，但站脚印是侮辱人格，是侵犯人权，所以提出抗议。

海尔总部针对这种情况，迅速改变策略，把站大脚印变为奖励措施，即对表现突出的员工，让他们站到大脚印上，给他们戴红花、发奖金，让他们感到特别自豪。

大脚印变为荣誉的象征，这一变化很快受到美国员工欢迎，不仅不抗议，而且以此为荣。当站在大脚印上的演讲者越来越多后，车间里的烟卷和收音机也逐渐消失了踪影。

由于文化背景和价值观的不同，直接去改变美国人的工作态度显然并不现实。但通过站脚印这种行为，团队领导无须对他们进行思想教育，他们就会自己改变自己的工作态度。

从本质上讲，改变行为就是重塑一种新习惯。而习惯恰恰是文化的基础或者说是文化的实质，也是文化的表现形式，因为习惯意味着大家对这种行为已经形成认同和共识。因此，当新习惯变成人们的潜意识行为时，“道德约束”的功能就出现了，企业文化也就很好地融入到了员工的工作理念中去。

2. 实施走动式管理

“走动管理法”是一套全新的管理概念，最先由斯坦福大学教授李察帕斯高所倡导。他认为管理人应该时常走出办公室，走到基层工作人员中去，与基层人员互相沟通，了解各种实际问题，从而一同面对及解决困难。它也是美国麦肯锡咨询公司对美国 43 家优秀大公司研究的成果之一，是美国管理危机时代的产物。

走动式管理的优势主要体现在以下方面：

（1）上层领导动，部属也跟着动

走动式管理表现在“我在你左右”，给员工一种制度和管理者“在场”的约束。但是，这并不等于亲身监察员工的工作，或者直接向下属训话。如果中层领导摆出一副高高在上的样子，以凌厉的眼光到处扫射，在各工作单位指指点点，员工自然不寒而栗，反而令士气低落。

（2）投资小，收益大

走动式管理并不需要太多的资金和技术投入，就可能提高企业的生产力和员工的执行效率。通过走动式管理，可以让人感到上下一致、共同努力，给人一种温馨和支持，实现现场激励。

“走动管理法”中的中层深入第一线，深入职工之间，对他们进行接触和关注，这是最为成功的激励方法之一。因为下属对上司的访问总是感到非常惊喜，且这种惊喜还可以持续很长一段时间，向员工表达关心，中层要以行动显示亲民的风格，令员工明白管理者体察民意，愿意与下属打成一片，努力搞好业绩。

显示活力、激励士气、四处走动，表示中层有足够的精力，更愿意花时间了解企业实际运作的情况，员工有见及此，自然亦不敢松懈。

（3）看得见的管理方法

就是说中层领导能够到达工作第一线，与员工见面、交谈，希望员工能够对中层领导提出意见，甚至争辩是非。

通过走动式管理，能及时了解现场的情况，及时发现各种疑难问题，处理发生的各种事件，协调各方面关系，保证执行的效率。通过实地视察感受工作现场气氛。

（4）现场管理

我认为，世界上第一流的生产力，是建立在追根究底的现场管理上的。中层领导每天马不停蹄地到现场走动，部属也只好“舍命陪君子”了。

（5）走动式管理是一种领导艺术

时下越来越多的企业都在效仿走动式管理，因为走进经营的第一线，就是走到职工的心坎中，把措施指导于现场之中，感情沟通于关怀的点滴中。我们有理由相信，这种良好的互动，必将给企业的生产和经营带来生机和活力。

美国麦当劳快餐店创始人雷·克罗克，是美国有影响的大企业家之一，他不喜欢整天坐在办公室里，大部分时间都用在走动式管理上，即到所属各公司、各部门走走、看看、听听、问问。

公司曾有一段时间面临严重亏损的危机，克罗克发现其中一个重要原因是，公司各职能部门的经理官僚主义突出，习惯躺在舒适的椅背上指手画脚，把许多宝贵的时间耗费在抽烟和闲聊上。

于是克罗克想出一个“奇招”，要求将所有经理的椅子靠背都锯掉，经理们只得照办。开始很多人骂克罗克是个疯子，不久大家悟出了他的一番“苦心”，纷纷走出办公室，开展走动式的管理，及时了解情况，现场解决问题，终于使公司扭亏为盈，有力地促进了公司的生存和发展。

在走动中了解员工，贴近员工，掌握员工的思想动态，沟通管理者与员工的感情，缩短了与员工的距离，建立了管理者与员工的互动关系，凝聚了员工队伍，及时沟通了员工对企业价值观和经营理念的认同，员工爱厂如爱家，形成一股内聚力。

深入一线，中层领导才能第一时间掌握第一手资料，好的经验便于推广，存在的问题又能消灭于萌芽状态，中层才能进一步提高管理决策的科学性和正确性。

3. “海豚式”升迁

中层领导干部深入基层开展工作，能够深入实际了解真实的、第一手情况，能够摸清存在的问题，因而能够拿出合适的对策，同时也能激励员工的士气，这是管理者的一种很有效的工作方法。

1984 年，张瑞敏在刚调到青岛电冰箱总厂担任厂长时，针对眼前的烂摊子，他仔细分析研究，下基层，到车间，跟随工人们了解情况，分析原因。在做了大量调查研究后，制定了 13 条管理规定，这就是著名的“海尔 13 条”，其中有一条是“不准在工厂随地大小便”。

现在看来这条规定有些不可思议，但这正是张瑞敏深入基层后制定的最切实可行的管理办法。通过这个办法，改善了管理状况，提高了员工的素质。中层干部如果不做调查研究，高高在上自以为是地指挥，那么制定出来的管理方法肯定不切合实际，效果就会大打折扣。

海尔有一种特殊的人事管理制度，就是“海豚式”升迁。海豚是海洋中最聪明最有智慧的动物，它下潜得越深跳得就越高。1988

年，有80多个大学生进入海尔，张瑞敏让他们一律下基层工作。后来，这80人当中多数都成为海尔的中层管理者。许多当事者后来由衷地说，有了下基层的经历，自己才真正知道如何管理，才明白了这是张瑞敏培养人才的手段。

海尔是一家实干型企业，除了老总张瑞敏，总裁杨绵绵也被誉为“海尔实干家”。她说：“管理的本质在于让部下领会集团的思路，这样才具有带动作用。”杨绵绵每天都要到基层单位去走走，看一看基层执行集团思路的具体情况，以便获取企业的第一手信息。而且总是不遗余力地指导着、引领着基层的工作，主动帮助基层解决实际困难与问题，满腔热情地把自己的经验学识毫无保留地传授给部下。

杨绵绵的这种身体力行、深入基层的实干作风，感染着海尔广大干部职工，正如海尔员工们常说的那样：跟杨总裁一起工作你会感到充实愉快，不由自主地产生一种不断上进的冲动。

任正非曾对新来的高学历员工语重心长地说：“你想做专家吗？首先从基层做起。”这与韦尔奇的“深潜”理念有着异曲同工的作用。韦尔奇喜欢与基层第一线的员工接触，了解他们的想法和建议，为此他经常“深潜”，一个猛子扎下去，一直到最基层，亲自到现场跟基层员工在一起工作。“深潜”保证了决策者从更具体的角度思考问题，同时制定出了相应的策略。

中层干部如果能深入基层开展工作，就能了解到最真实的信息，激励出员工的斗志，从一个胜利走向另一个胜利。

第三章

好执行，才有好队伍

评判一个中层干部执行力的标准，不是他能做多少工作，而是他能让员工发挥多少效能。中层领导，最主要的工作就是“引领和指导下级，正确有效率地执行任务”。

第一节　领导就是标杆：“跟我冲”代替“给我冲”

一个是“跟我冲”，另一个是“给我冲”，虽然一字之差，产生的效果却是天壤之别。这也是解放军能够屡胜强敌的一大原因。

1. 困难面前，中层领导先挺住

处于困境的时候，老板和中层领导要先挺住，员工才能跟着挺住。也只有这样，公司才能迅速走出困境。越是面对困难，中层领导越是要冲锋陷阵在前，身先士卒，做好榜样，带给员工自信与保障。如果中层领导自己先乱了阵脚，手足无措，员工能不打退堂鼓吗？

几年前，四川巴东县三峡水泥厂所在地区发生泥石流。当时，厂党委书记邹先胜正在县城开会。由于泥石流交通中断，但邹先胜还是冒着生命危险，满身是泥地走回厂里。面对灾情，邹先胜果断决定说：“其他同志全部撤出，书记、厂长两人必须留下来守厂！”

在邹先胜的影响下，有9名中层干部自愿留下护厂。这11名员工在厂里连续奋战了72小时。后来工人们返回厂里，见这些人伤痕累累，大家纷纷自觉自愿、齐心协力地投入抢险。淤积在厂区的大量泥石，在300多名职工奋战下，只用了9天就被清除干净，工厂迅速恢复了正常的生产工作。

正是因为有了这些身先士卒的领导，才会有全体员工奋力救灾的成绩。榜样的力量是无穷的，当这力量来自于中层领导的时候，就更加无法估量。这种执行力，是金钱、威慑换不回来的，也是其他任何管理手段无法实现的。

亚科卡在克莱斯勒公司最困难的日子里，主动将自己的年薪由100万美元降到1000美元。这1000倍薪资待遇的差距，使亚科卡的奉献精神在员工面前闪闪发光，很多员工感动得流下热泪，纷纷像亚科卡一样，不计报酬，团结一致，自觉地为公司勤奋工作。

不到半年，克莱斯勒就成为拥有亿万资产的跨国公司。

2. “跟我冲”，榜样的力量是无穷的

如果说在困境的时候，“跟我冲”是中层领导冲锋在前、身先士卒的话，那么在顺境的时候，“跟我冲”就是以身作则、率先垂范。

古语说：“其身正，不令而行。”中层领导者理应明白，职权只能使员工服权而不一定服人，如果员工“口服心不服”，领导者的威信会是极其脆弱的。

中层领导无论职务多高、权力多大、资历多深，要求别人做到之前自己先要做到，要求别人不做的自己坚决不做，这样才能带出一个团结、激情、有执行力的团队。

张瑞敏是中国最成功的企业家之一，被英国《金融杂志》评为全世界最受尊敬的30位企业领袖之一。尽管如此成功，张瑞敏还是会每天穿着企业制服上班，同职工们一样打卡，在职工食堂就餐……

张瑞敏的以身作则、严于律己，赢得了海尔中层骨干和基层员工的由衷爱戴，于是整个海尔团队形成了强大的执行力和凝聚力。

正人先正己，做事先做人。中层领导的榜样力量是无穷的，中层干部带兵就必须身先士卒，以身作则。“同志们，跟我冲”——中层干部应该随时将这句话说出来，并保证能够做得到。

身为中层领导，就要像战场上的指挥官一样，具有这种“跟我冲”的表率作用。身先士卒，以身作则，是一种巨大影响力。俗话说：“喊破嗓子，不如做出样子。”中层领导通过言传身教，使广大员工自觉地产生敬佩与信赖，从而产生强大的向心力和感召力，进而形成巨大的执行力。

韩国大宇集团总裁金宇中每天都会工作到凌晨时分才休息，紧接着次日凌晨5点钟起床，继续工作十几个小时。这一习惯他保持了20多年，并且经常对员工说：“为了明天的繁荣，我们必须牺牲今天的享乐，因为我们还是发展中企业。”

金宇中的行动感化了整个大宇集团的所有中层干部，也因而传递到每位基层员工的心里，使得大家都会自觉为了集体利益努力工作。

古人云："人不率则不从，身不先则不信。"中层干部如能以身作则，那么即使他不发号施令，部下也会奋勇跟上。中层干部的领导力与威信，往往不是由语言产生的，而是由行动体现出来的。每一个聪明的中层干部，都应该明白这个道理。

一个优秀的企业，会有一大批全身心奉献企业的中层干部，继而会带出一大批以加班为乐的基层员工。万科就是这样一家企业，一家提倡领导干部带头加班的企业。

老总王石曾是万科最大的工作狂，在写字楼里埋头苦干无数个不眠之夜，才创造出了万科今天的辉煌。如今，换成一批王石感召下的中层干部及基层员工带头加班。

海信集团的周厚健也是这样的一个领导，他曾经多次强调说："对于企业中层管理人员而言，责任心比事业心更重要，表率性比沟通性更重要……当干部就应该没有休息日，想有休息日就别当干部！"周厚健放弃了所有的节假日，每天累得一挨枕头就睡着了。

身为一名中层干部，就要起到应有的表率作用，以工作"5 加 2"和"白加黑"的态度，提高团队和员工的执行力。

第二节　刚柔相济：把握好管理的尺度

作为高明的中层领导者，要善于将军纪与感情相结合，做到严中有情、张中有弛，做到"外面和气一团，内部是钢铁公司"。

1. 按制度办事，但也要讲感情

考考你，下面案例的情形，你该如何处置？

某公司，制度中明文规定，上班迟到30分钟者以旷工论处。

有一天，王主管遇到这样一个两难选择：小李迟到了40多分钟，一经核实，原来是小李的妈妈心脏病突发，小李十万火急送妈妈到医院急救，甚至无法给王主管打电话告知将会迟到。如果你是这位主管，小李应不应该受到制度的处罚？如果处罚，又应该如何协调？

我的意见是，必须处罚。否则，就会出现下一个违反者，就会有人浑水摸鱼，最后公司制度就形同虚设，管理势必走向混乱。那如何体现人情味？即所谓“王法无情，人有情”，执行处罚前，王主管可以单独与小王沟通其中利害，如有困难，甚至可以在罚金上以个人名义帮小王一把，处罚后，也可以去看望一下小王生病的母亲。

对于“制度是‘死’的，而人是‘活’的”这句话，大家并不陌生。人生来就不喜欢被约束、被管制。如果你在工作中只强调制度化管理，没有领导的人性关怀，必将导致员工对公司制度产生抵触情绪。为什么会这样呢？要了解其中的原因，得从制度的特征谈起。

制度的特征之一是“教条”。在制度管理之下，难免出现工作气氛沉闷、员工的冲劲与干劲都受到压抑的现象。这时，如果没有领导的人性“润滑”，团队必将士气低下，状态低迷。员工都死气沉沉，公司还谈什么工作效率。

制度的特征之二是“冷酷”。一味地制度化管理，会让员工把经理、公司、老板与“冷酷”画上等号，员工觉得跟公司之间除了利益关系，别无他求。在这种环境下，员工自然就不会对公司产生归属感。而团队的凝聚力更无从谈起。

在“冷酷”的制度下，若领导没有适时给予下属关怀，有可能招致严重的后果。下面所举的这个案例虽然有些极端，但希望它能引起管理者的反思。

2008 年年底，广州白云区某化妆品厂，有一名员工纪律性比较差，上班经常迟到。也因此他经常遭到厂长的责骂，受到公司的处罚。有一天，这个员工又迟到了，厂长不知怎的，这一天情绪不太好。除了惯常的责骂和处罚外，还特地在车间的黑板上大大地写上这个员工的名字，以作警告。突然，这名员工冷不防地抄起一把水果刀，朝厂长的后背刺去，刚好刺中厂长的后背心。厂长当即被送往医院，遗憾的是，厂长还是停止了呼吸。

这样的悲剧让人悲痛不已，但它完全是可避免的。如果这位厂长在处理矛盾时，能多一些耐心，多做一点领导该做的事情：人性化地提前沟通，或者人性化地安抚，人心都是肉长的，下属应该不至于如此鲁莽。这位厂长如果不闹情绪（领导不能轻易情绪化），也不至于激发下属的情绪，下属就不会做出这种大逆不道的失常行为。

2. 中层领导要会用“软钉子”

领导者批评员工的方式是多种多样的，但归纳起来，无外乎两种，一种是严厉直接的批评，这适合用于犯原则性错误的员工；另外一种是间接委婉的批评，这适合用于错误不严重的员工。

批评的最高境界就是这样，既不伤害员工的自尊，又让他们能够意识到自己的错误，最重要的是令其自觉自愿地改正错误。

一个厂长发现几个工人在挂有“禁止吸烟”标示的厂区里抽烟。厂长虽然非常生气，但是并没有对几个工人“当头棒喝”。他走过去给每位员工递去一支烟，委婉地说：“我们还是到厂区外面去抽烟吧！”几个工人听到这句委婉的批评，意识到自己的错误，而厂长真诚的态度令他们非常自责，下定决心以后一定不在厂区内抽烟，有的还戒了烟。

批评是否成功，检验的标准除了被批评者是否诚恳接受、是否改正了错误之外，还有很重要的一条，那就是员工对批评的反应。

如果被批评者迅速改正了错误而且又能够得到大家的肯定与认可，那么，中层管理者无疑是具有高超的批评艺术。

3.“夹心蛋糕式”批评

批评不是对员工的讽刺、挖苦、抓辫子、扣帽子，而是善意地、公正地帮助员工认识、纠正缺点和错误，接受教训。批评的精要在于“惩前毖后，治病救人”。

中层领导对待犯错误员工的批评，态度一定要严肃认真，可以用尖锐措辞、激烈语调来严厉批评，好让对方意识到错在哪里，以及不改正错误的严重性。

当然，批评员工并不是一件太轻松的事情，批评轻了，起不到批评的作用，员工也不会改正错误；批评过头了，让员工接受不了，反而会增加抵触情绪，因此还是需要坚持“刚柔相济”的原则。

第三节　大胆授权：让中层有职更要有权

企业在使用干部时，也要充分发挥其能量，就得让中层干部有职又有权。

1. 高度信任，充分放权

忙得不可开交的管理者，并非好的管理者，那只会让下属事事依赖你，更会制约下属的积极性和创造性。

袁经理带的客房部门有十几号人，那天一上班，袁经理就把当天的工作安排得妥妥当当，于是大伙分头干活。

可是没过多久，就有位下属上气不接下气地跑了过来，说：“经理，不好了，刚才有位客人投诉我们的客房卫生不合格，要求更换客房，怎么办啊?”

这位袁经理也真是“冤大头”，想也没想，就说：“那还能怎么办，快去更换客房啊。”

一会儿，这个下属又跑了过来，说：“经理，不好了，客房没有空闲的了，怎么办呀?”

袁经理一听，急得满头是汗，说：“那你要跟客人说一下啊。”下属说：“我说了好几遍了，客人不听我的呀，怎么办呢?”袁经理最后无奈地说：“那好吧，我亲自去一趟。”

袁经理手下有十几号人，为什么就他一个人忙得不可开交呢？因为部门里的每个人一有事都向他请示，他就是有三头六臂，也应付不过来这些请示啊。

这位袁经理哪里是个经理，我倒觉得他像一种人——哪里有火就往哪里扑。这种人是谁呢？救火队长。如果各位经理都做救火队长，那么老板就变成消防局长了，公司就要挂个牌，叫消防局了。

类似袁经理这样的经历，不知你们是否曾遇到过？是否想过为何下属动不动就请示？我们看到，袁经理的下属似乎都是一群“草包”，而导致下属成为“草包”的上司岂不是一个更大的“草包”。这一现象，我称之为“大树底下不长草”。

在自然界，有一种“大树底下不长草”的现象。从生物学讲，那是因为大树把周围的水分以及各种养分攫取完了，同时也由于大树枝叶的遮蔽，大树底下缺乏阳光雨露，破坏了草木生长的环境。

下属之所以被动、愚蠢、消极、无所事事、难以管治，是因为经理太“有为”。所谓“有为”，就是代替下属去作为。具体指的是，由于上司太强势，下属没有发挥的空间和余地，于是下属就自甘变得很弱。

原因有三：第一，人才得不到出头的机会；第二，人才没有施展的空间；第三，人才没有得到应有的重视和尊重。因此，下属要么自甘落后，把重担都甩给上司；要么因为没有用武之地，唯有一走了之。诸葛亮就是典型的个案。

诸葛亮治蜀，多用平实之才，守成有余，开拓不力，而恃才狂放、倚武倨傲者，往往被搁置摈弃。蜀中干部青黄不接。他不是不知道，也不是不着急，他努力物色人才，确也是事实，但他的用人标准拘谨偏执，较之曹操的“唯才是举”，简直无法比拟，因而不可能有出色的人物出现，这也是大树下不长青草的定律。他一人把阳光都吸收了，小草自然就恹恹的无生气了。

诸葛亮英明自信和事必躬亲，大大限制了部下的积极性，也养成了他们的依赖心理，所以司马懿对于西蜀之一举一动无不了如指掌，因为他只需要研究诸葛亮一个人就行了，但对于东吴的真实意图却未可尽知，甚至对周鲂的伪降也疑信参半。因为不可能全盘掌握东吴所有将领的变数，所以魏国在与吴国的战斗中无所施展，也就很自然了。

西蜀最后败亡于晋时，户二十八万，官吏四万，而吴降晋时，户五十二万，但官吏只有三万二。这样一个头重脚轻的国家，怎能不失败呢？

由此看，诸葛完留下的臃肿的官僚机构，实在是蜀国的累赘。有如此数量的干部队伍，可诸葛亮直到临死也没有物色到一个好的接班人，眼高如此，挑剔如此，实在是一件很悲哀的事情。

五丈原弥留之际，还在遗憾：“吾遍观诸将，无人可授。”也就只有姜维勉强够格，真是够他痛苦的了。

“水至清则无鱼，人至察则无徒。”太精明的领导，便光看到下属的缺点和不足了。所以，“大树底下不长草”是很有道理的。孔明最后弄到文臣武将难以为继的局面，并非西蜀无人，而是他不让人才脱颖而出罢了。

上述案例中的袁经理，之所以这般疲于奔命，冰冻三尺非一日之寒。在平时的管理中，袁经理应该好好反思三个问题：第一，有给下属出头的机会吗？第二，下属有发挥的空间吗？第三，下属能够扬其所长，避其所短吗？人得其所用，是制胜之一道。人能充分发挥其主观能动性，则更是获胜的保障。

在明确了自己的工作目标，并制订工作计划后，酒店经理又该怎么去实现它呢？这就需要酒店经理善于运用团队协作，懂得有效授权。

因此，在工作中，管理者要适时、适当地授权给下属，这不仅能使自己的团队得到有效锻炼，从而成长得更快，也能减轻自身的负担。一举两得，何乐而不为呢？

秦朝末年，韩信先是投奔项羽，后又投奔刘邦。开始，刘邦只让他当了一个掌管粮草的小官，也未予以重任。韩信感觉怀才不遇，就想脱离刘邦。

汉相萧何却发现韩信是一个将才，便向刘邦举荐了韩信，并说："要拜韩信为大将，就必须选择吉日良辰，沐浴更衣，戒荤戒酒，先表现出诚意。然后召集文武大臣，举行隆重仪式，您亲自登台授印才好。"

于是，刘邦登坛拜韩信为大将军，还当众颁令："全军将士今后全部由大将军节制。有藐视大将军者、违令不从者，大将军可先斩后奏！"登坛拜将之后，韩信在刘邦那里有职有权，因此有了威信。为报答知遇之恩，他率军出陈仓，定三秦，灭赵，降燕，伐齐，直至垓下全歼楚军，为刘邦打下400年汉室江山之基础。

2. 如何运用好授权艺术

500年历史的晋商，深知授权之道，哪怕生意做亏了，只要不是人为失职或能力不足造成的，东家不但不加以责怪，反而会安慰掌柜，鼓励他们来年扭亏为盈。

当年晋商曹家投资了7万两白银，在沈阳开设富生峻钱庄。掌柜的经营几年，不仅没有为东家赚到钱，反而把东家的本银也赔了进去。曹家听了掌柜的全面汇报，明白了亏损的原因并不是因为掌柜不能恪尽职守，也不是能力不足，而是一些意外的因素所致。

曹家不仅没有责怪掌柜，还马上给了他第二笔资金，让其继续经营。但几年过去之后，还是亏得一塌糊涂。这位掌柜觉得很内疚，便提出辞职。可曹家还是很信任掌柜，又拿出第三笔本钱，并鼓励这位掌柜不要灰心，放心去做。

掌柜回到沈阳后，重整旗鼓，在总结前两次失败教训的基础上调整经营策略，没过几年，富生峻钱庄不仅赚回前两次亏赔的钱，还获得巨额赢利。该掌柜再利用这些赢利，利用当地盛产高粱的优势，为东家在四平开办了富盛泉、富盛成、富盛长、富盛义四家酿酒商号，富生峻钱庄也成了沈阳金融界的大户。

信任是授权的精髓和支柱，在信任中授权对任何中层干部来说，都是一件非常好的事。信任能让中层干部自信无比、灵感迸发、积极工作。信任还是团队成员之间合作的基础，这种基础是管理成功的保障，它能使关系融洽、思想统一、工作效率提高、管理成本降低。

管理者使用人才时，想要充分发挥人才的能量，就得让人才有职有权。刘邦拜将，其实就是给予韩信职权：职，大将军；权，全军由他节制。有职有权的实质上，就是授权。上级让下级在一定时间内代自己行使某一方面的权力，任何企业高层管理者的时间、精力都是有限的，只有通过对中层干部的充分授权，才能带好队伍，管理好团队。

广东顺德伟雄集团的老板林伟雄只有小学文化，他的公司却是一个拥有五大知名品牌、十余家分公司的民营企业集团。公司能够取得这样的成绩，原因之一就是林伟雄敢于授权给中层。

他自己任董事长，妻子任总经理，只抓大的决策，公司的日常工作由副总经理签字决策。授权不仅让中层干部的积极性得到提高，而且还使其真正负起责任来了，公司运转得非常高效。一大批博士、硕士、工程师甚至法国专家都纷纷投靠林伟雄。由于用好中层干部，伟雄集团以前所未有的速度腾飞起来。

授权不是权力的丧失，而是权力的分配与转移。这种“大权独揽，小权分散”的领导方法，这样可以有更多的精力来把握方向、抓住中心，做好全局工作。

“临机处置，不要请示”就是授权。授权中层是一种必要的领导方法和工作方法，是灵活运用权力。高层领导能力再强也有不足之处、精力再好也不可能事必躬亲，通过授权，既可以通过使用中层干部的智慧来弥补自己某方面的不足，又能够大大节约自己的时间。比尔·盖茨很早就把大权交给了史蒂夫·鲍尔默，让其担任 CEO，自己做

“首席架构师”，充分发挥自己对技术趋势很敏感的长处。

授权，不仅是一门科学，也是一种艺术。授权得当与否体现了一名企业领导的管理才能，正如韩非子所说“下君尽己之能，中君尽人之力，上君尽人之智”。

敢于授权并善于授权，既是企业成熟的表现，又是企业取得成就的基础和条件。如果企业能够运用好授权艺术，发挥授权的效用，不仅有利于与员工建立良好的信任关系，激发员工的工作积极性，提升团队的战斗力，正确的授权还可以使高层领导从繁杂的事务中解脱出来，博采众长，集思广益，使决策更加科学化，使集体的力量得到充分发挥，使团队能够高效运转。

有效授权给企业带来的好处是众所周知的，但并非所有的企业都能做到有效授权。只有20%的企业高层对自己的授权管理感到“满意”或“比较满意”，这个数字说明很多企业不得不面对一个现实的问题：该如何进行有效授权？

宝钢集团在生产一线实行“权力委让，重心下移”的管理措施。他们将工厂划分成若干个作业区，每一个作业区委任一名作业长，作为生产一线的经营管理者。随后，车间主任将生产指挥、人事调配、奖惩等权力下放给作业长，任何人都不得越级指挥。作业长一下子变得有职有权了，从而产生了成就感、荣誉感，并由此而产生了高度责任感，所以全身心地投入到工作之中，公司的生产效率因此提高了很多。

授权要因时、因事、因人、因地、因条件而确定如何具体授权；

被授权的干部要具有积极热情的态度和真才实学；授权要有明确的目标与工作任务，要让被授权的干部知道应做什么、管什么；授权必须明确到具体的干部，不能重复授权；授权后不要过多干预，要做到“用人不疑，疑人不用”；授权时要将责任和权力一起交给中层干部，让中层干部有职有权的同时还得有责，做到职、权、责三者的有机统一。

没有职权就无法开展工作，干工作就会寸步难行；没有职责就没有工作目标，就会缺乏责任心与上进心。所以，企业在授权的时候，要让中层干部清清楚楚地明白自己的职、权、责，各司其职，尽职尽责地做好本职工作。

那么，在授权时，管理者应该注意哪些问题呢（以酒店经理授权为案例）？

（1）明确授权内容

要想做好有效授权，必须明确授权的内容，以及相关的制约因素。比如，有哪些任务是可以授权的？下属接到任务后，需要什么样的资源？需要跟哪些人合作？自己能否为员工提供相关的支持和指导？

只有将这些任务内容明确并统筹安排好，员工才能在执行任务时做到有条不紊，得心应手，这次授权也才能称为有效授权。

但是，授权绝不是盲目放权，授权的核心是分配任务，而不是分配权力。应先确定分配任务的大小，再确定授权的大小，同时保留监督、检查的权力。

就好比放风筝，只要手中握着一根线，就可以任凭风筝自由地飞。飞高了，可以拽一拽；飞低了，放一放线；飞偏了，调一下方向。

比如让领班单独负责200人的商务宴会，虽然酒店经理不直接参与接待，但是酒店经理需要在餐厅的布置方案、各种原料的采购、人员的安排、部门间协调等方面给予领班足够的支持和帮助，以保证这次接待的成功、圆满。

（2）明确授权期限

领班需要什么时候开始筹备这个200人的商务宴会呢？这就需要酒店经理明确授权期限。

如果时间太紧，领班无法顺利完成任务，他的积极性就会受到打击；如果时间太宽裕，这次授权便缺乏挑战性，也不利于锻炼领班。所以，综合考虑原料的采购、员工排班、会场布置等因素后，酒店经理要给各项工作留出足够的时间，从而使工作开展得有条不紊。

（3）明确授权对象

比如某酒店经理手下有6个领班，每个领班都有自己的特点和擅长的业务技能，那么他们中究竟哪一个更有能力胜任这项任务呢？

这时，酒店经理需要对这6个人进行能力评估以明确授权对象，而评估的因素包括接待经验、应变能力、亲和力、协调力、时间统筹能力等。

酒店经理应以每个员工的专长为思考点，了解每一个员工的差异，为每一个员工安排适当的岗位，并依照每一个员工的优缺点进行合理授权，让团队发挥最大的效能。

所以，酒店经理在确定授权对象时，未必要选择下属中最优秀的那个，而是要选择最适合负责这次商务宴会、最能让其他同事信服的人。只有这样，授权者才放心，被授权者也才会觉得被肯定而努力工作，而未被授权者也不会觉得遭受了不公平的待遇。

（4）明确授权沟通

明确授权对象后，酒店经理便可以向其交代这次授权的事宜了。在沟通过程中，酒店经理除了要将授权的内容和期限交代清楚以外，还需要注意沟通以下几点。

第一，表达对授权对象的信任。酒店经理不妨这么说："之所以将这项工作交给你，正是因为我相信你有这个能力，相信你能把这次接待工作做得很好。"

第二，说明任务的重要性。有压力才有动力，酒店经理向授权对象说明此次任务的重要性和艰巨性，不但能让他心中有一个底儿，事先有个心理准备，也能大大激发他的斗志和干劲。

酒店经理不妨这么说："这是某大型外企商务宴请的接待任务，而且他们还是我们的老顾客。因此，这次任务非常重要，容不得半点马虎，稍有疏忽便会影响到我们的声誉，你一定要尽心尽力地去做好这件事情。"

第三，让授权对象提问题。酒店经理在交代清楚任务的基本内容后，可以看看他还有什么疑问或难处，让授权对象提问题。

酒店经理不妨这么问："你还有什么不明白的地方吗？执行这次任务有什么难处没？"之所以这么问，不仅可以了解执行者对此次接待任务的看法和感受，还让执行者明白，经理在交代完任务后并不是就此撒手不管了，并不是自己一个人在战斗，而是一个团队在运作。

第四，当授权对象提出疑问或难处时，酒店经理要第一时间给予解答，在人力、财力、物力上给予相应的支持，并许诺自己会一直支持他，随时帮他解决任务执行过程中遇到的各类问题。

第五，对授权对象表达感谢。在授权沟通将要结束的时候，酒店经理不要忘记对授权对象表达一声感谢，这正是基于对人的基本尊重。你不妨说一句：“这件事情就拜托你了，谢谢你，相信你一定能做好的！”

（5）明确授权考核

在任务的执行过程中，酒店经理不仅要适时地给予授权对象帮助和支持，还要及时地给予考核评估。

酒店经理要及时跟进、检查他的工作进展情况，看看原料采购、人员安排、现场布置等方面做得是否到位。如果工作有不当之处，酒店经理要及时指出来，找出症结所在，对症下药，第一时间将其整改过来，并鼓励授权对象大胆做下去，不要太拘谨；如果工作做得很好，酒店经理要给予表扬，帮助授权对象树立自信心和荣誉感。

接待工作结束后，酒店经理还要及时对此次任务执行过程中的得与失进行总结分析，并组织员工学习成功的经验，汲取失败的教训。

如果任务执行得很成功，酒店经理一定要认可员工的成绩，懂得奖励你的员工，哪怕只是开个会口头表扬一下，必要时给予适当的物质奖励，甚至是职务晋升。这也是有效授权的重要组成部分。

如果酒店经理在工作中能够明确任务目标，并将其分解、落实好，同时做到有效授权，能够发挥团队的力量，那么，员工一定能够保质保量地按期完成任务。

3. 将在外，君命有所不受

古往今来，能做到“疑人不用，用人不疑”的领导很少，能放权“将在外，君命有所不受”的领导更是稀有。

“将在外，君命有所不受”，实际上就是领导者“用人不疑”，对中层干部的信任。信任，使上下同心同德；信任，使左右众志成城；信任，使整个团队的凝聚力、战斗力变得无比坚强。

美国前总统富兰克林·罗斯福说：“一位杰出的领袖，必须知人善任，让骨干忠于职守。领导要有自我约束能力，不可插手去干涉他们。”日本“经营之神”松下幸之助也说：“最成功的统御管理，是让下级干部乐于拼命而无怨无悔，实现这一切靠的就是信任。”只要看准的下属，就大胆提拔使用，使他们信心十足地发挥自己的潜力。

从羽绒制品转型到微波炉这个完全陌生的家电行业，格兰仕的成功就在于“信任”二字。为聚拢一批微波炉行业的专家、行家，总裁梁庆德五过上海，用真诚感动上海无线电十八厂的几位工程师加盟格兰仕，并在工作中“用人不疑”。

现在的副总裁陆荣发一到格兰仕，梁庆德就让他全权负责引进一条价值1000多万美元的生产线。信任，凝聚了格兰仕管理层的执行力，带出了一支两万多人同心同德、执行力强的坚强队伍。

在一个团队里，成员间相互信任，彼此信赖，心往一处想，劲往一处使，工作就会充满生机和活力。企业一定要首先信任中层干部，既然用了某个人带队伍，就应该大胆放权给他，就应该允许“君命有所不受”，放手让其自主处理各种事务。

第四节　监察到位：信任不等于放任

企业里，中层干部的健康成长，都离不开有效的监督。“金无足赤，人无完人”，人自身的缺点错误犹如脊背上的灰尘，自己不容易看见，只有通过监督这面“镜子”，才能够及时克服缺点，改正错误。

1. 授权后，监督要及时跟上

《韩非子》里有这样一则故事：

鲁国有个人叫阳虎，他是一个很有才华但同时又很自私的人，他游说鲁王、齐王，但都被驱逐出境，于是他又来到了赵国。

赵王十分赏识他的才能，拜他为相。有人向赵王进谏说：“大王怎能用这种人料理朝政呢？”赵王回答道：“阳虎或许会寻机谋私，但我一定会小心监视，防止他这样做。只要我拥有不至于被臣子篡权的力量，他阳虎又岂能如愿以偿呢？”

赵王一直对阳虎实施监督与控制，使得阳虎没有机会以权谋私，而且能够尽职尽责地在相位上施展自己的抱负和才能，终使赵国威震四方，称霸于诸侯。

企业对中层干部授权的同时，一定要有监督。如果没有监督，就不知道干部在干什么，就控制不了整个局面。

监督是一种重要的管理手段，能够保证权力不被滥用和失控，能够及时地发现工作中所出现的各种问题，便于采取适当的措施予以纠正和解决，从而保证顺利实现计划和达到目标。

对拥有权力的中层干部进行监督是必要的，这是授权后不可缺少的后续措施。

肯德基公司的店长们有相当大的自主权，但世界各地的上万家店却被美国的肯德基总部管理得井井有条，这都是有效监督的功劳。

美国肯德基国际公司的9900多个子公司遍布全球60多个国家。一次，上海肯德基有限公司收到3份总公司寄来的鉴定书，对设在上海外滩的快餐厅的工作质量以及店长分3次鉴定评分，分别为83、85和88分。

这三个分数是怎么评定的？原来，肯德基国际公司雇用、培训一批人，让他们佯装顾客潜入店内进行检查评分。这些“特殊顾客”来无影、去无踪，这就使得快餐厅经理、雇员时时感到某种压力，丝毫不敢疏忽，使得各级肯德基公司能够在全球保持一致的服务标准。

企业如果相信每个中层干部都是好人，盲目、无限制地信任他们，就很有可能将整个企业给毁了。当初，巴林银行就是因为对驻新加坡的里森“用人不疑”，结果三年来他一直做假账隐瞒亏损，最后造成8亿英镑的损失，迫使有200年历史的老牌巴林银行破产倒闭。

授权与监督是企业管理不可或缺的“两个轮子”，监督是与授权相配套的一种管理行为。监督中层，就是在确立了目标，并授权给干部后，注意关注其职责的履行状况，并及时发现偏离目标或要求的具体问题，采取消除偏差、纠正错误的措施，以确保中层干部尽职尽责地带领团队完成整体目标和任务。

海尔集团的三条人事管理规定就是：在位要受控，升迁靠竞争，届满要轮岗。“在位要受控”就是集团要建立控制体系，控制财务、控制工作目标，避免违法违纪、避免犯方向性错误。

海尔集团建立了较为严格的监督控制机制，任何在职人员都接受三种监督，即自检（自我约束和监督）、互检（所在团队或班组内互相约束和监督）、专检（业绩考核部门的监督）。

贵州海尔总经理刘向阳被海尔称为“海尔时代的楷模”，即使类似他这样的“封疆大吏”，每天也必须向远在青岛的海尔总裁汇报工作，然后才能下班吃饭。严格的要求使得中层干部随时都有危机、有压力，使得工作有动力。

2. 信任也需要监督

一些人宣扬“疑人不用，用人不疑”的管理技巧，实际上这是个很大的误区。事实是，凡是采用了这种管理技巧的领导，到最后无不是以大家相互猜疑结束。

从理论上来讲，这种管理技巧是正确的，但在具体操作中，由于人是会随着环境的改变而改变的，因此这种绝对的信任就会出现问题。新闻中报道的那些贪官污吏，最初的时候谁不是“身家清白”，可最后无不是因为贪污腐败而锒铛入狱，就是这个原因。

从普遍性来说，没有约束的信任其结果必然是不信任，如果现在还没体现出来，那也是因为还没到利益冲突的时候，或者说利益冲突还不够大。因此，在团队里面，团队领导和成员之间需要建立起一个互相监督的规则。这么做的好处有三个。

第一，信任绝对不是不怀疑，相反建立在防止欺骗可能发生的基础上的信任才更持久。

第二，让欺骗者不再欺骗的最有效方法就是加大不信任的成本，对违反规则的人进行制裁。在美国等西方国家，税收执法十分严格，可谓严管、重罚。一旦检查出纳税人偷逃税收，必须予以严厉处罚，甚至处罚得倾家荡产也在所不惜。这就是西方的企业轻易不敢偷税漏税的原因。

同样，所有的人都知道犹太人是世界上最好的商人，他们成功的原因之一是良好的商业信誉。但很少有人知道，这种信誉是建立在种族内部严格的信用惩罚基础上的。一旦有人被认定在生意中有欺诈行为，所有的犹太人都不再和他做生意。失去种族内部的生意合作和联系，他将寸步难行。对比机会成本，他们不敢也不愿去尝试欺骗。

第三，人会随着环境的改变而改变自己的行为，一个在公司赢利的时候表现杰出的员工，在公司面临经营困境的时候不见得能有同样的表现。因此，团队领导在合作和项目执行的过程中一定要随时观察情况的变化，越是恶劣的情况，越要注意大家的情绪。大难临头各自飞是人的一种求生本能，如果完全地把信任押在员工的身上，你也可能会承担“钱伯斯的信任成本”。

博弈论中有一个有趣的论点，同样可以证明信任也许要监督。这个论点认为，在人是理性的这一假设前提下，一次性博弈是不会产生合作关系的。因为人都是理性的，在明知道只有一次性交易的情况下，一定会选择那个对自己利益最大化的方案，一旦两个人都这么想，博弈不能产生平衡点，交易也就做不成了。

这个论点足以说明，人都是利己的，在没有外界约束的情况下，人一定会选择对自己最有利的行为方式。因此，从理性上判断，没有约束的信任并不可靠。借用一句网络流行语：你不够坏，那是因为你受的诱惑还不够大。

如同过密的成员关系也会影响团队的战斗力一样，美国圣路易华盛顿大学的组织行为学教授克劳斯·朗弗雷德发现，对于某些团队来说，过度的信任实际上也会使其业绩下降。

原因何在？因为放任会产生惰性，降低效率。

克劳斯·朗弗雷德教授经过对71个MBA学生自我管理团队的广泛的调查和全面的评估发现：充分信任就意味着高度自治，这会造成团队成员间缺乏监督、缺乏竞争、缺乏沟通，从而不利于信息的共享、流程的衔接、协调的有效，最后导致影响个人的工作业绩，从而也影响到团队的成长和公司的发展。

所以，企业必须建立合理的机制，适应企业的机制。机制在我看来其实就是一个游戏规则。包括管理制度，奖罚制度，形成统一条例，并严格执行。无规矩不成方圆。

3. 有效监督，才能解决问题

对于一个企业光靠上层的监督是不够的，所以还要用自己的手段和方式调动中层管理人员的积极性和责任心，让他们帮你监督。

18 世纪末期，英国政府决定把犯了罪的英国人统统发配到澳洲去。一些私人船主承包从英国往澳洲大规模地运送犯人的工作。

最初，英国政府实行的办法是以上船的犯人数支付船主费用。当时那些运送犯人的船只大多是由一些很破旧的货船改装的，船上设备简陋，没有什么医疗药品，更没有医生，船主为了牟取暴利，尽可能地多装人，导致船上条件十分恶劣。

一旦船只离开了岸，船主按人数拿到了政府的钱，对于这些人能否远涉重洋活着到达澳洲就不管不问了。有些船主为了降低费用，甚至故意断水断食。3 年以后，英国政府发现：运往澳洲的犯人在船上的死亡率达 12%，其中最严重的一艘船上的 424 个犯人死了 158 个，死亡率高达 37%。

对此，英国政府采取每一艘船上都派一名政府官员监督，再派一名医生负责犯人的医疗卫生，同时对犯人在船上的生活标准做了硬性的规定。但是，死亡率不仅没有降下来，有的船上的监督官员和医生竟然也不明不白地死了。原来一些船主为了贪图暴利而贿赂官员，官员不肯就范即被扔到大海里喂鱼了。政府支出了监督费用，却照常死人。

政府又采取新办法，把船主都召集起来进行教育培训，教育他们要珍惜生命，要理解到澳洲去开发是为了英国的长远大计，不要把金钱看得比生命还重要。但是，情况依然没有好转，犯人死亡率仍然居高不下。

一位英国议员认为，那些私人船主钻了制度的空子，而制度的缺陷在于政府给予船主报酬是以上船人数来计算的。他提出从改变制度开始：政府以到澳洲上岸的人数为准计算报酬，不管在英国上船多少人，到了澳洲上岸的时候再清点人数支付报酬。问题就此迎刃而解。船主主动请医生跟船，在船上准备药品，改善生活，尽可能地让每一个上船的人都健康地抵达澳洲。一个犯人就意味着一份收入。自从实行上岸计数的办法以后，犯人的死亡率降至1%以下。有些运载几百人的船只经过几个月的航行竟然没有一个犯人死亡。

可见，如果能够有效地监督干部，就可以及时全面地了解他们履行职责的具体情况，准确分析其犯错误的原因，就能够研究出完善的补救措施与管理手段，做到“亡羊补牢，犹未迟矣”，使得一切事务都处于自己控制中。

第五节　赏罚分明：公平处理就有威信

“信赏必罚”自古以来就是领导者带兵的不二法则。作为企业的中层干部，只有切实做到“有功劳的一定要奖赏，有过失的一定要惩罚”，团队的纪律才能有效维护，团体中的每位员工才能尽心尽力做事。

信赏必罚，就是避免基层员工胡作非为、保持团队纪律和秩序的最有效法宝。

1. 带队伍的首要法则

驯兽场上，一名驯兽师正在训练一头黑熊跟着她一起跳绳，她跳熊也跳，她落熊也落。相信大家都会为黑熊的表演而喝彩。我们很难想象，作为低等动物的黑熊，它是根本无法用言语和人沟通的，为什么能够在训兽师的指引下做出那么多高难度的动作呢？

这样的奇迹是如何造就的？驯兽师被称为“动物的魔术师”，他们在训练黑熊时，经常会用夸奖、抚摸、事物奖励等办法，用他们的职业术语来讲就是“正激励训练法”——以积极的鼓励、奖励为主来训练黑熊。

如果一种行为获得了积极的回馈，那么我们就会重复这种行为；如果一种行为产生了消极的后果，甚至会受到惩罚，那么我们就会减少这种行为。这种现象在我们生活中也无处不在。

某公司销售部张经理叫小王助理今天帮忙把茶杯洗一下，交代完之后，张经理就忙公司事务去了，忙得忘记督促检查一下小王是否执行了。

第二天一上班，当张经理拿起茶杯准备喝水时，一看，茶杯完全没洗过。张经理很生气，就把小王叫过来骂了一通，小王说：“经理，昨天有个重要客户过来，我一直在忙着接待，把你这事给忘了，对不起。”

小王又是羞愧又是委屈。难道真忙得连洗个茶杯也没空吗？其实不是，这个现象就是我们在上面论述过的，人们不会做你希望的事，只会做你要检查的事。张经理心想，既然是自己忘了督促，也就没有深究，小事情就算了。

又有一天，张经理还是交代小王把茶杯帮忙洗一下。这次张经理没有忘记，忙碌中也要中途探下脑袋去看看杯子洗了没有。结果都到中午了，杯子还是没有洗。张经理再次生气，把小王找了过来，小王反倒叫板了：经理，我在赶着把你的计划书整理完毕今天下班前交给你，要是今天给不了你，你也无法向公司交差呀，那个杯子你洗一下不也完事了吗？张经理恼火得气不打一处来。

从该案例可以得出一个结论，下属也不会做你检查的事，只会做你要奖罚的事。如果当张经理第二次交代小王洗杯子的时候，说："小王，帮忙今天把杯子洗一下，要是午餐前我看到没有洗，今天部门同事的午餐你请客哦（半开玩笑）。"试想一下，小王是否会把这件事惦记在心里？肯定会。

综上所述，我们需要将这句话补充完整如此：人们不会做你希望的事，只会做你要检查的事；下属有时也不会做你要检查的事，只会做你要奖罚的事。

赏和罚，是古今中外将帅治军用人的主要手段。宋代的岳家军、明代的戚家军，都是赏罚严明的队伍，因而部队不畏强敌，勇敢善战。

三国时，蜀汉丞相诸葛亮命令马谡率领精兵防守街亭要塞，与北方的强敌魏军对峙。后来，马谡因为轻率出兵会战，导致严重失误，街亭失守，害得蜀军差点全军覆灭。幸好诸葛亮唱一出空城计才转危为安。

依照军法，马谡违抗军令理应处斩。作为诸葛亮一生中最喜爱的部将，诸葛亮斩马谡是非常不忍的。但是马谡所犯过失对蜀军造成极其恶劣的影响，如果处理不当，不仅军队士气无法维持，自己也会失去威信。诸葛亮于是痛下决心，挥泪将马谡斩首示众。

不仅如此，诸葛亮斩马谡之后，深深反省了自己的用人失误，承认自己也有连带责任。请求处分，从宰相降为右将军。这种信赏必罚、公正的处分，赢得了蜀汉士兵无比的爱戴和拥护。

2. 左手胡萝卜，右手大棒

华为之所以能够吸引人才，让人才努力工作，是因为他们有奖励优秀员工股份的一种机制。华为根据员工的才能、责任、贡献和工作态度等方面的表现，来动态调整其持股比例，让贡献大的员工得到应有的利益回报。

有些中层干部喜欢队伍里“一团和气，表面上你好我好大家好”，只赏不罚。这样做，非但无法起到树立威信、凝聚人心的作用，反而会让员工变得越来越缺乏组织性、纪律性和积极性。中层领导就应该是“当赏则赏，该罚则罚”、“左手胡萝卜，右手大棒”。

奖赏是正面强化手段，是对某种正确行为给予肯定，使之得到巩固和保持；责罚是反面强化，对某种行为给予否定，使之逐渐消失。这两种方法综合使用，就是中层干部的带兵的左右手，两手抓更要两手都要硬才行。

春秋时晋国一名叫李离的狱官，因为听信下属的一面之词，致使某下属冤死。真相大白后，李离准备以死赎罪。

晋文公劝说道：“这件案子主要错在下面的办事人员，又不是你的直接罪过。”李离叹息说：“狱官的职责就是公正执法，我既然当了狱官，拿着俸禄，一旦出现冤案，就应该负责任！”说完，李离自杀而亡。

我们当然不能要求所有中层领导犯错后，都要以自杀的方式惩罚自己，但是至少心里要严格不留情面地反省过失，用一种恰当的方式惩罚自己，真正做到信赏必罚，中层领导者必须以身作则、以身示教，必要时还要敢拿自己开刀。

1995年，海尔某质检员由于责任心不强，造成洗衣机选择开关的插头插错和漏检，被罚款50元。这位质检员作为最基层的直接肇事者，承担其应当承担的工作责任。但海尔中层管理者却认为，员工干得不好，主要是中层管理人员指挥不利。

为此，海尔上下进行了一场大讨论。后来，海尔某分公司财务处一位实习员工出现工作失误。该员工系实习生，没有受到任何处罚，但对于作为其责任领导的财务处处长自罚50元。再后来，海尔集团形成一个传统，就是无论员工出了什么事，都应该拿负责的中层干部“开刀”。

有惩罚必然会有奖励。激励一定要满足员工的正当需求，达到留住人才与激发员工的目的。留住人才，激发员工最大工作潜能，是激励机制最主要的两个目的。一般来说，中层干部激励员工的常见手段有以下几种：

（1）物质激励

所有员工都希望能从工作中获得满足。包括工资待遇在内的物质是满足员工生存需要的重要手段。有了物质基础，不仅生活有保障，还是社会地位、角色扮演和员工成就的象征，具有重要的心理激励意义。

IBM 对有创新成功经历者，提供 5 年时间和必要的物质支持，使其有足够的时间和资金进行创新活动。

（2）工作激励

工作能让员工的才能得到更大的发挥、扩展员工成就、增加表彰机会、提供晋升或成长的机会等。如果一位员工在工作中能不断得到发展，他就是一位勤奋、愉快的雇员，其创造力、聪明才智会得到充分的发挥。

（3）支持激励

好的中层干部，理应为员工出主意、想办法，积极肯定员工的工作成绩，这能让员工感觉工作起来有盼头、有奔头，进而促进员工创造出更大的价值。

当海尔把普通工人发明的一项技术以这位工人的名字命名时，在工人中就很快兴起技术革新之风。

（4）竞赛激励

通过竞赛树立先进，是对先进分子的肯定，更能刺激全体员工向先进学习，涌现出更多的“先进”，形成良性循环，促进发展。

3. 赏罚必须公开公正

现代管理学强调，赏罚之所以是管理团队的有效手段，就在于它的公正性。因此，惩罚时必须铁面无私、六亲不认，奖励时要实事求是、论功行赏。如果失去公平性，会让小人得志、有功者寒心，极大损害团队的战斗力及领导者自身的威信。

万科地产自创建之初，就形成一条不成文的规矩——“亲属不共事、举贤要避亲”。他们认为，亲戚朋友如果都在同一家公司，无法形成公平的竞争机制，所以举贤一定要避亲。

虽有老话讲“举贤要内不避亲、外不避仇”，但在实际情况中往往是在举荐亲戚后，形成“亲上加亲”的裙带关系。亲属里可能也不乏人才，但难以两全时，万科做出有利于公平竞争的选择，给了员工机会均等的环境。

万科要求员工入职时要如实申报在公司内是否有亲朋好友，如果有，必须声明。万科员工分公司曾有一名职员申报时说在万科没有亲朋好友，但后来公司发现，其兄长是万科一家分公司的部门经理。于是立即将该职员辞退。

还有一次，王石离开公司去外地学习一年，回来后发现自己大学毕业的表妹被安排在公司上班。虽然表妹所学的专业正是万科急需的，但硬是被王石劝说走了。王石说：“如果你有本事，去哪里都能施展；如果你没有本事，凭什么在我这儿混?”于是今天的万科，没有王石的一个大学同学、部队战友和儿时玩伴。

赏与罚的目的，就是为了调动员工的积极性，提高员工的工作效率。奖赏是好事，惩罚也很必要，对有功劳员工的奖赏和对犯错误员工的惩罚是理所当然的，不能有半点儿的迟疑与含糊，其关键在于赏罚要公开公正，否则就会失去应有的效力。

激励中最重要的手段就是工资激励，所以，管理者一定要保证工资激励的公平公正。

“二八法则”告诉我们，一个流程中80%的精力花在了20%的输入上。也就是说，80%的工作按照例行程序进行，它只需要花费20%的精力；而20%的关键工作出现问题，则要花80%的精力去协调。可见体系的重要性。

现在来看一个常常在企业招聘面试时，面试官提出的小测试：

请问工资是谁发的？

A. 老板　　　B. 自己　　　C. 客户

下面我们对这三个选项进行分析：

选择A项的员工会是一个看老板脸色办事的人，因为他认为老板是给自己发工资的人，所以只做老板要他做的事情，而不是从客人的角度出发进行服务，是俗称的“马屁精”。

选择B项的员工认为，工资的取得全靠自己，他会努力工作，但是不会在意成果如何，很可能盲目地工作得罪了客户或者与自己的同事关系搞得很紧张，他都不在意。他认为自己做好工作就应该得到工资。

选择C项的员工认为，工资是客户发的，是通过优质的产品或服务把钱从消费者口袋里拿出来，而老板的所作所为是把从客户支付的钱中拿出一部分给员工发工资，另一部分留给企业发展，因此工资归根结底是客户发的。这种员工会从客户的利益出发，是企业的合格员工。

使员工明白工资是客户给的这个道理以后，管理者怎样制定工资体系以体现激励的效果，也就是工资怎么发才能起到最好的激励作用呢？建议管理者将员工的工资分为两部分：比较固定的岗位工资和按照工作成效所发的绩效考核工资。

（1）岗位工资

岗位工资是根据岗位职责大小、技术含量、劳动强度和劳动条件四个要素确定岗位级别，体现出不同岗位之间劳动差别的工资模式。

岗位工资尽管比较固定，但是活用岗位工资制度，会起到超乎想象的激励作用。

小陈由于个人原因离开了已经工作了5年的企业，到了一家新的企业去工作。这家企业试用期是3个月，每个月的工资是600元。这3个月内，小陈必须再接受一次培训，重复做那些她早已熟知的动作，还要受主管的气。

小陈觉得，一个工作了多年的老员工到这里重复作业，还拿着这么低的工资，于是小陈没过多久就辞职了。

上述情况经常发生在企业的管理当中，因此，管理者应考虑如何避免人才流失，怎样运用岗位工资进行激励，留住人才。

管理者应灵活掌握试用期的限制，灵活操纵工资制度。如果优秀的人员来应聘，经过一周左右的时间来考察证明能力属实，则可直接转正，按照其表现情况核定岗位工资。

有了固定的岗位工资对新员工来说是一个很大的激励，会使新员工兴高采烈地投入工作，提高了执行力。通过这种方式，运用岗位工资进行激励，留住了人才。

通常，增加工资和晋升职务是对员工激励最直接、最有效的措施。但是，应该注意，越向高层晋升，员工付出的努力和难度就越大，员工就会在心里有个价值衡量。

升了职务后，付出的努力比原来多很多，而且难度也更大，但是工资增加不多，这样算起来，还不如留住原来的岗位上合算。这时，员工就会失去继续努力发展的动力，这对于企业发展和团队战斗力的提升是不利的。

因此，要逐步拉大工资等级之间的差距，将更大地刺激员工职业发展的积极性，为企业创造更大的价值。

（2）绩效考核工资

绩效考核工资是为员工提供了一个无须沿着传统的岗位等级走“单线”的机会，只要工作能力、工作绩效有提升，就能获得更高的薪酬激励。

管理者应该在岗位工资的基础上，根据员工个人绩效予以薪酬调整。以员工完成的营业额来提成，营业额高，所得的绩效工资就越高。把员工的工资和营业额挂钩，就能提高员工的工作积极性。

将考核指标分解，明确到每一个员工。如果不分解或分解不细，就很难把绩效考核执行下去，或执行后不能保证效果，因此，要尽可能地将考核指标分解到每一个员工身上。

员工不知道自己的考核工资是怎么算出来的，也不知道几个重要考核指标得分多少，这样的例子在很多酒店中比比皆是。这不仅容易使员工产生误解，影响其今后提高绩效，更重要的是会大大淡化考核政策在大家心目中的地位。

在计时制工资中引入绩效考核管理，将会极大地起到激励作用，也将有效地促进部门之间、员工之间的协调。那么固定工资与绩效工资之间的比例怎么确定呢？

如果固定工资与绩效工资的比例太大，则意味着固定工资比例过高，考核部分过低，这样不容易引起员工对考核的重视，对管理不利；如果固定工资与绩效工资的比值过小，则意味着固定工资部分较低，考核部分较高，又不利于调动员工的积极性。

因此，管理者掌握的一个原则就是：以投入付出为基础的人员，考核部分可相对调低；以产销量为基础的人员，考核部分所占比例可适当调高。

第六节　保持危机感：提高团队的危机意识

世事无常，祸福相依，越是一帆风顺的时候，越要居安思危。这个道理对员工和团队都是适用的。

中层干部带兵也要运用这个道理，让危机感来激发出团队的潜能，这样在真正的危机来临时，队伍就能从容应对。

1. 居安思危是组织常青的前提

“生于忧患，死于安乐。”中层干部一定要居安思危、深谋远虑，要在整个团队中树立起危机意识。

一个人如果没有危机意识，迟早会被淘汰；一个团队如果没有危机意识，迟早会散伙；一个军队如果没有危机意识，迟早会被消灭。

《诸葛亮兵法》中写道："无备，虽众不可恃也。故曰，有备无患。"一个国家最重要的事务就是国防，如果稍有偏差，就会导致国家的灭亡。对危机没有准备，虽然军队众多也无济于事。居安思危才能有备无患，所以军队最重要的就是要有防范危机的准备。

华为的党委书记陈珠芳，用"战战兢兢，如履薄冰"来形容华为人的心态与处境。华为高层为什么都关注国际新闻？这是因为华为是一家国际化企业，世界上任何一个地方的风吹草动都会牵动到华为的中枢神经，如东南亚海啸、伊拉克人体炸弹袭击、美国的飓风、印度的空难……华为的忧患意识可见一斑。

"华为的冬天来了吗？"任正非非常喜欢用这样一句话来提醒自己的团队。电信是一个竞争残酷的行业，世界上众多电信公司不是发展，就是灭亡，没有第三条路可走。华为面临同样的情况，要想生存，就得发展。

任正非经常给所有的员工敲警钟：如果有一天，公司销售额下滑、利润下滑甚至会破产，我们怎么办？我们公司的太平时间太长了，在和平时期升的官太多了，这也许就是我们的灾难。"泰坦尼克"号也是在一片欢呼声中出的海。而且我相信，这一天一定会到来。

始终抱有强烈危机意识的任正非，在经历了多次大环境的起伏后，对危机更加警觉。因此，他认为企业要想活下去，就是要培养一批能够应对各种危机的中层干部。为了对付各种各样意想不到的危机，任正非还要求华为每个部门都要能够做到“狼狈为奸”——既要不屈不挠，又要精于算计。

危机意识使华为仅用10年时间就将资产扩张1000倍，成为使跨国巨头企业都寝食难安的“土狼”。即便如此，任正非还是说：“10年来，我天天思考的都是失败，对成功视而不见，也没有什么荣誉感、自豪感，有的只是危机感。也许是这样我们才存活了10年。我们大家要一起来想，怎样才能活下去，活得久一些。失败这一天是一定会到来的，大家要准备迎接。这是我从不动摇的看法，这是历史规律。”

2. 让团队有解决问题的能力

胜利和机遇只会垂青那些有准备、有能力解决问题的人，也只会青睐于那些有解决问题能力的团队。

张瑞敏说：“一个企业在市场上获得的荣誉，相当于沙滩上的脚印，无论多么清晰，一涨潮，什么都没有了。”因此，张瑞敏与海尔是“永远战战兢兢、永远如履薄冰”。危机意识，促使张瑞敏反复抓管理、抓重点、抓提高。一旦发现了什么失误、漏洞，就抓住不放，认真地解决。

宏碁集团是在经过多次危机后，才获得如今的成就。1991年，宏碁面临成立以来的首度亏损，外商银行也采取抽银根的动作。宏碁立即意识到这是因过去的成功导致了团队没有危机感，因此重新调整组织架构，并订下营业额倍增的目标。宏碁由服务业转型为制造业，并由台湾市场进军国际市场。此变革管理使得宏碁营业额自1992年的新台币300亿元，一举上升为1996年的2000亿元。

宏碁做大了之后，服务与制造都已有相当分量，却因此产生内部资源分配不均、业务与管理文化频频发生冲突的问题。面临再次危机，宏碁毅然决定让两家公司各走自己的路。如今负责品牌业务的宏碁已跻身为全球性品牌，并在欧洲笔记本电脑市场取下龙头宝座，这就是当时当机立断决定让品牌与代工业务分家的结果。

从宏碁因为危机而创造规模的发展历程看来，一个企业有了危机并不可怕，可怕的是没有危机意识以及处理危机的能力。未来是不可预测的，中层干部要带头与整个团队时常居安思危，使整个团队具有忧患意识、危机意识，然后苦练内功，夯实基础，从容面对危机、轻松应对危机，进而做强做大。

3. 给团队找一个“假想敌”

找到强大的对手，与其过招，并最终战胜它，既能提高自己的军心，又能击溃敌人的信心。有的团队会因为对手强大而胆怯，也有的团队会因为挑战巨人，使自己成为巨人。

北京之所以能在申奥中取得圆满的成功和骄人的成绩，是因为作为竞争对手的巴黎、多伦多实力也很强大；上海赢得世博会的良好表现，与俄罗斯的莫斯科、韩国的丽水这样优秀的对手是分不开的。

如果中层领导害怕与竞争强者较量，那么自己永远会是弱者；只有敢于与强者对话，才有可能最终打败对手，使自己成为王中王。

1998年6月，法国足球世界杯期间，电视台里循环播放着世界上著名企业的广告，在这些广告中很少看到中国商家的广告。就在世界杯即将开赛的时候，浙江娃哈哈公司的广告突然出现，向全中国宣布娃哈哈推出“中国人自己的可乐”，并把其定名为“非常可乐”。

按照娃哈哈的计划，“非常可乐”应该在1998年3月份推出，后来推迟到世界杯的开幕。除了顺应世界杯时间这个因素外，更重要的原因是娃哈哈想与强大的可口可乐公司“叫板”。

娃哈哈的老总宗庆后去美国时，随身带了两瓶可乐，一瓶是“非常可乐”，一瓶是在国内生产的“可口可乐”，下飞机后又买了一瓶美国本土的“可口可乐”，他把三瓶可乐的标签撕掉，让美国的专家品尝。结果“非常可乐”获得专家的认可，这使得宗庆后信心十足，决定用“非常可乐”向世人证明：外国人能做的，中国人也一定能做到，而且我们有理由、有信心做得更好。于是1998年6月，杭州娃哈哈集团推出“非常可乐”，向世界第一品牌发起冲击。“非常可乐”目前在市场上供不应求，始终保持着快速增长的势头。“非常可乐”挑战世界第一品牌一年的实践，再一次向世界证明了娃哈哈人的志气，显示了娃哈哈良好的发展势头和潜力。

海尔集团首席执行官张瑞敏对海尔的国际化策略有一个形象的比喻：下棋找高手。在张瑞敏眼中，海尔国际化就像是一盘棋，而要提高棋艺，最好的办法就是找高手下棋。张瑞敏选择的高手是欧洲和美国。他在很早之前还提出，想要自己不被狼吃掉，就得先成为狼。应对跨国公司的挑战最好的办法就是自己也成为跨国公司，否则，结果只有一个：被吃掉。

海尔在与同类国际产品竞争的过程中，得到强有力的发展，连续16年每年以80%的速度增长，目前已占领美国市场200立升以下的电冰箱30%的市场，海外制造基地达到12个，海外设计中心8个，营销网点38000个。海尔产品已进入160多个国家和地区，成为了全球第四大白色家电厂商。

一个企业、一个团队在市场中会面对国内外很多强大的企业和团队，应对的方法就是敢与“王牌”过招，正如海尔选择国际家电巨头作为对手。敢与高手交锋，才能缩小这种差距，提高自己，获得强大的提升。

第四章

管好手中的兵

人才是企业发展的生死线，一个团队的效率和执行力，取决于基层团队的专业水平和人才储备。中层干部需要深入基层、狠抓基层，将提高团队的执行力作为工作的关键点。

第一节　能力服众：打铁首先本身硬

中层领导最怕什么？最怕被员工看不起。如果被自己的员工看不起，那么领导还谈什么影响力、领导力？还谈什么执行力、战斗力？

1. 中层领导最怕什么

企业的中层干部要想带出一支过硬的队伍，首先要精通自己的本职工作，做一个内行的领导。

对于张瑞敏以及海尔的成功，很多人认为张瑞敏的运气好。果真是这样吗？

要知道，张瑞敏确实是管理上的高手。张瑞敏在传统文化上的诚信精神与现代的管理制度之间找到了良好的结合点，提出“斜坡球”理论、“赛马不相马”的人力资源观念、“围墙之内无名牌”的名牌观念，使得张瑞敏不但是海尔的行政领袖，更是海尔的精神领袖，几乎海尔的所有成员的行动都是围绕着张瑞敏的一言一行来进行的。许多职工毫不掩饰地说：“在海尔集团干，就是因为有个张瑞敏。”

企业竞争的实质是中层干部能力的竞争。企业有了坚强的中层核心，基层团队也就有了主心骨。好的中层干部能够高效地整合和影响周围的员工，使员工产生执行力。如此形成一股合力，企业才会成为一个响当当的企业。

2. 中层所扮演的角色

中层干部常常扮演以下几大角色，如图 4－1 所示。

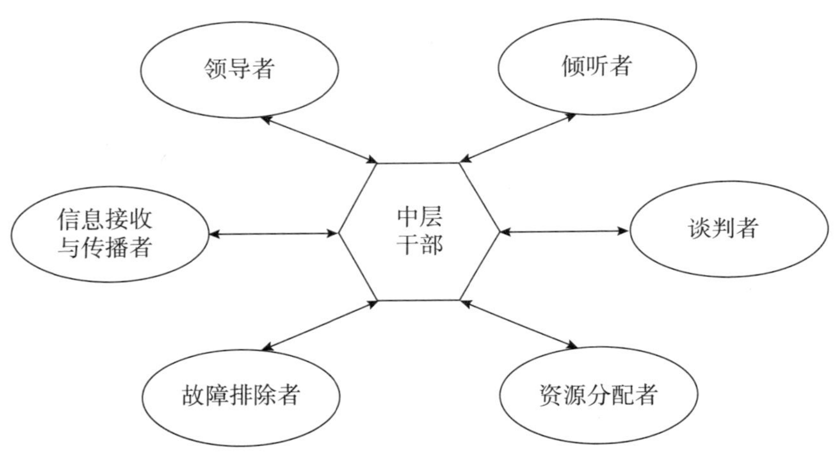

图 4－1　中层干部所扮演的角色

（1）中层干部是领导者

所谓领导，就是用不易觉察的方式，鼓动一群人去实现某个目标的过程。由此可知，中层干部的首要任务是制定一个可以实现的目标。为了实现制定的目标，中层干部必须是组织变革的发动者和设计者，他们要从发现问题、提出问题、解决问题的次序出发，提出改进性方案。

在制定改进性变革目标时，要建立起强有力的实施体系，这个体系必须有一支核心队伍，担负起将目标变为现实的责任。中层干部在制定目标时，必须考虑到这些相关当事人的长期权益。

在实施改进性方案时，要适度掌握好“授权”、“批准”、“监督”的权力，并用各种方法激励和引导下属，这些方式包括训练、报酬、表扬、奖励、提升、解聘、开除等。

（2）中层干部是信息接收与传播者

由于中层干部全面负责一个酒店或者一个部门的工作，他们制订的方案要不断创新，必须掌握大量信息，并对这些信息进行甄别和利用。

中层干部需要经常同客户、企业、社会团体、政府部门等沟通，他们起着联络的作用，同时也不断接收和吸纳有用的管理、经营、服务信息，掌握前沿技术，了解行业的发展趋势，向上级、下级、同行进行传播交流，他们扮演着信息传播者的角色。

（3）中层干部是倾听者

管理上有个著名的双50%理论，即中层有50%的时间用在了沟通上，工作中有50%的障碍都是在沟通中产生的，一个沟通不好的中层干部，你怎么指望他能带好一个团队呢？

沟通是两个人的事情，一个人无法沟通，就像一个人没法跳探戈舞一样。如今很多人只懂得讲话，不懂得倾听。

倾听最重要的是集中精力，把心思放到和你交谈的对象的身上，这样，你不仅可以接收到更多的信息，而且，还是对对方谈话的尊重。善于沟通的经理人都是很好的倾听者。

（4）中层干部是资源分配者

中层干部可以安排好自己的工作时间和内容，让时间和资源更加合理有效地贴近企业的运营实际。

同样，中层干部对自己担负的工作也可以自主地安排轻重缓急，加以科学的策划，如对下属的培训，一定要有较科学的时间安排，才能达到比较良好的效果，而不是机械地为了完成指标式的培训安排。

（5）中层干部是谈判者

中层干部的身份使得他们在谈判时具备了优势。作为领导，他们参加谈判可以增加双方的信任度；作为资源的分配者，他们有权支配企业的资源。

事实上，谈判就是当场的资源置换，要求参加谈判的双方当事人有足够的权限来支配资源并迅速做出决断。

在企业经营管理中起着主导作用的中层，应该了解自己的工作特点，明白自己充当的角色，站在各种业务活动的适当位置，发挥自己的优势，才能担负起老板所赋予的使命。

（6）中层干部是故障排除者

中层干部面对客户和员工的时候很多，他们必须及时、妥善地排除故障。所谓故障，就是可能阻碍企业工作正常进行的诸多因素，中层干部必须是前进路上的“清道夫”。

在化解客户与企业的冲突时，有时必须由中层出面才能让客户感觉到更多的尊重，让客户更为信任，“化干戈为玉帛”。员工在工作中出现问题，由中层出面解决，容易创造一种比较宽松和谐的工作环境。

3. 领导素质要过硬

想转动世界，必须先转动自己。作为一个中层干部，只有加强自身的领导素质建设，才能建设好职工队伍——打铁还需自身硬。

美国零售大王沃尔玛超市，其中层干部就是秉承总裁沃尔顿“阿肯色州农民般的质朴及节俭”意识，执行沃尔玛薄利多销的理念和仓储式的经营方式。

同样，松下中层就有着松下幸之助“性格上的忍耐与信念上的执着”；长虹中层也有倪润峰“尖锐、果敢与霸气的性格”……

中层干部要想让各部门、各岗位人员效率更高，相处融洽，就需要有良好的团队建设技能。

什么是团队？如果将500个土豆装在一个麻袋里，只不过是一麻袋土豆。好的团队，需要具备如下特征：有明确的共同目标；有共同的价值观和行为规范；资源共享；良好的沟通；成员有强烈的归属感；有效授权；尊重角色差异，团结合作，互补互助，才能发挥最大的效益。

团队不同于群体，团队与群体最大的差距就在于，团队具有创造性，通过团队成员间的合作互补，每个人同时就具备了自己的优势和别人的优势，故能产生“核裂变”式的爆发性力量。

而群体却只有制造性，最好也只能做到“1+1=2”的效果。即使群体中有个别人具备创造性，但由于无法和其他人合作互补，也就无法产生“1+1>2”的效果。

团体和团队的区别，如图4-2所示。

团队管理的基础在于团队，团队成员可以为2~25人，理想上少于10人最佳。

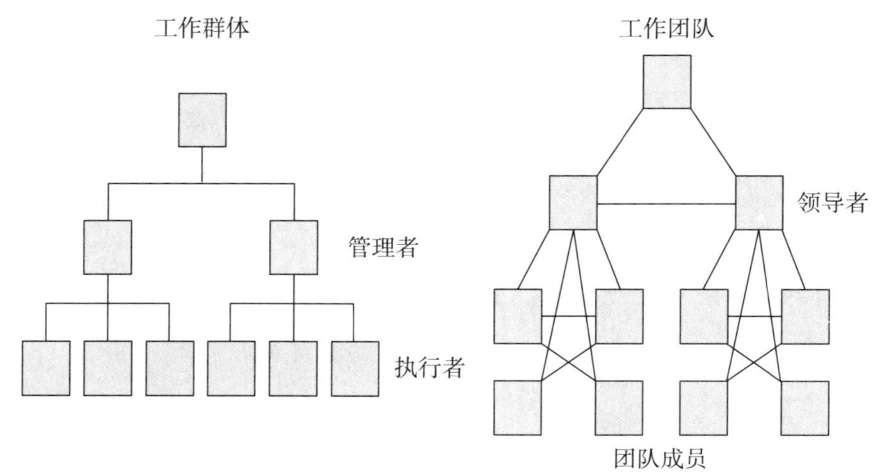

图 4－2　团体和团队的区别

团队管理就是运用成员的专长，鼓励成员参与及相互合作。酒店的服务工作不是靠某个部门或某个人能独立完成的，必须有赖于团队合作才能发挥力量。因此，中层干部若能善于团队管理，便可激发成员潜能，协助解决问题，增进成员之间的认同，提升组织的效率和效能。

中层干部在团队中扮演着领导角色，主要任务和职责就是实现团队目标。团队管理有以下基本要点。

（1）制定良好的规章制度

所谓“强将手下无弱兵”，没有不合格的兵，只有不合格的元帅。一个强劲的管理者首先是一个规章制度的制定者。规章制度包括很多层面：纪律条例；组织条例；保密条例；财务条例；奖惩制度；等等。好的规章制度体现在：执行者没能感觉到规章制度的存在，但是能感觉到规章制度的约束。

中层干部首先应该成为遵守规章制度的表率。如果你自己都不遵守制度，又怎么能要求团队成员做到呢？

（2）建立明确的共同目标

某中层干部在分享自己的成功经验时说：“一直以来，我都坚信，部门的目标就是每一位员工的目标。我让每一名员工都知道部门的目标是什么，让员工认识到他们每一天的工作都是在为这个目标的实现添砖加瓦。”

如果员工意识到自己每天的付出都是在为部门的目标“添砖加瓦”，员工的价值就得到了体现，他的荣誉感和责任感也会被激发出来。当员工把自己当作企业主人的时候，他还会不努力吗？他还会没有执行力吗？

当然，企业在发展过程中，会设定各种大小、长短期的目标，有的重要，有的次要，有的很紧急，有的则可以缓一缓。因此，中层干部要及时地让员工分清这些目标的主次，以便在工作中更好地分配自己的时间和精力。

中层干部在设定目标时，要注意以下几点：目标要具体，可以量化；要设立目标完成的最后期限，并兼顾挑战性和现实性；设定团队目标时，要考虑团队成员各自的目标。

在执行目标计划时，中层干部不妨将目标分解到每月、每周、每日，将其一层层量化，并制订相应的月、周、日执行计划。这样，员工便能清晰地知道自己每天为目标的实现做出了多大的贡献。

（3）坚持有信息支援

员工在工作中，会遇到信息不对称或者不充分的情况，这就要求中层干部能够及时提供相应的信息，以便更好地提供服务。

(4）营造积极进取的工作氛围

如果团队中缺乏积极进取、团结向上的工作氛围，那么成员的力量就很难合在一起，大家在工作中相互推诿指责，目标也难以达成。

为了营造这样的氛围，中层干部应该做出一些努力。比如：

①奖罚分明，对于工作成绩突出者一定要让其精神、物质双丰收，对于出工不出力者，要给予相应的处罚。

②让每一个成员承担一定的压力，经理不应该成为“所有的苦，所有的累，我都独自承担”的类型。

③在生活中，多关心照顾团队成员，让大家能感觉到团队的温暖。

第二节　狠抓细节：让团队牢记“认真”二字

认真精神体现在每一个细微之处。中层干部没有认真精神、没有狠抓细节的意识，是无法提高队伍的执行力的。

1. 细节之处展现硬实力

工作中，面对情绪不好的客户时，即使不能好言安慰，也不要在失意者面前谈笑风生。正所谓“说者无意，听者有心”，你的得意会衬托出对方的失意，甚至会让对方认为你是故意嘲笑他、故意跟他过不去。

“面子”对任何人来说都是重要的，在商务朋友面前，千万要注意你说话的方式和内容，并要努力照顾到对方的情绪。说话时要察言观色，记住别人的得意事，在适当时候点出来。如果你不想给对方雪中送炭或者锦上添花，那么微笑或者严肃地点头，就是最好的选择。这是一个影响结果的普通小细节。

面试工作时也会有许多小细节。谭微微面试财务时的唯一经验，就是在学校时掌管过学生会的“小金库”。这种近乎空白的职业履历，让人事主管倍感无奈，只好例行公事地对谭微微说：“如果有好消息，我会打电话通知你的。”

这句话其实是明显地暗示面试者“你的希望不大了”，听到这句话十个人里面会有九个人体面地打招呼离开，但谭微微却是“特别的那个”。她从口袋里掏出 1 元硬币递给人事主管说：“主管，即使我不被录取，也请您给我打一个电话吧。”人事主管有点懵，他以前从未遇到这种情况：“你怎么知道我不会打电话呢？”谭微微笑着说：“哦，那您的意思，就是说我的希望很大了？”人事主管颇感兴趣地问：“如果你没有被录取，我打电话通知你，你最想知道些什么呢？”“我只想知道，除了工作经验以外，还有哪些方面是我尚未达到公司要求的，以后我好积极改进。”“哦，那你为什么还要给我 1 元钱呢？”“我如果未能录取，按理说你就不会给我打电话，从财务角度，给我打电话不属于公司的正常开支，理应由我来支付电话费。”

人事主管欣赏地看着眼前的这个小姑娘，郑重地说：“谭微微小姐，我现在可以正式通知你：你被录取了。面试的过程中，我看到你身上的做事潜力和进步空间。一名财务人员最基本的职业操守是公私分明，从你刚才递给我 1 元钱电话费的行为上，可以看出你的这种职业操守，况且你的笔试成绩还是最好的。我决定打破公司惯例破格录用你，希望你能够在试用期内，继续展示身上的这些优点，与公司一起成长！”

机会不显山不露水，藏在不起眼的琐碎细节上。撞得上撞不上，全看我们对待细节的态度。

一位华尔街著名银行家这样说：“当我刚到美国耶鲁大学读书时，大学里经常会有各种讲座，每次校方总能请到华尔街著名的金融专家或是跨国公司的高管人员进行演讲。在参加这类讲座之前，我总是会早早地过来，坐在第一排中间的位置，拿出一张硬纸片，中间对折一下，用醒目的红笔大大地写上自己的名字，放在桌上。每当演讲者与台下听众互动时，我都会积极踊跃地举手，提出在心里面准备好的问题，如果你的问题令演讲者觉得是一个‘好问题’，他就会留意你面前的纸卡，记住你的名字。这样一来，那些精英人士很可能会找到你，给你提供更多的机会。事实上，我就是由于出色的见解，得到一位大公司总裁的赏识，毕业后直接进入他的公司，有了一个不错的起点。”

张三、李四和王五是北京某研究院同一小组的同事，在得知导师梁教授准备去德国的消息后，三人都想拜访梁教授，希望以唯一的助手身份跟随梁教授去德国鲁尔实验室实习。

三个人分别拨了许多次电话，去梁教授家跑了好几趟，终于有了回音。梁教授安排一个时间，一起接待了三个人，他认为三个人都不错，谁最终能去只有根据论文水平决定了。

梁教授出国前要回重庆老家看望老母亲，明天就要走，于是让三个人把手上的论文做好后交给女儿，让女儿把论文邮寄到重庆去。

一周后，三个人分别把东西交给梁小姐。张三把厚厚的五本论文和两箱礼物交给梁小姐；李四备齐了四本论文并递上500元的邮费；王五交上两本论文，买了特快专递的纸袋并贴足邮票，递上300元邮费。

结果，梁教授只收到王五的论文，张三和李四的论文迟迟没到，由于时间紧急，最后梁教授选择王五作为助手飞赴德国。张三和李四都递送礼物或现金，为什么东西寄得很慢呢？

原来张三的水果梁小姐是收下了，但水果不方便折换成现金，她要寄出去还得自己掏钱，能把他的论文“平邮”出去，已经很不错了；李四的钱梁小姐虽然收下，但是看到厚厚的论文，想着能省则省，就用平邮寄出去，剩下的钱好揣进自己腰包，更何况李四忘了提醒她务必把东西快递出去。只有王五办事最体贴周到，准备一个快递纸袋（不用说已经提示人家该怎么邮了），并且连贴邮票的事都省了，论文往里一塞，扔到邮局就成。结果，自然是王五的东西最先到。

在工作中，做好细节的人总有好运。用心做好身边的小事，潜在的机会就会十有八九被你撞上。假设你是一个商店的售货员，在雨天的傍晚，你会热情招呼一位前来避雨的老妇人吗？出于职业本能，你希望每一个顾客都成为回头客，于是好机会很可能就会被你“请”进来。

故事发生在美国，售货员史密斯下雨天主动跟躲在店内避雨的老妇人打招呼，并很有礼貌地询问是否需要服务。老妇人解释说自己只是进来避避雨的，并不打算买任何东西，但史密斯还是微笑地说："没有关系，只要您进入这家商店，不管怎样您都是我的顾客。"

当老妇人离开时，史密斯还将她送出门外，替她把雨伞撑开，并递上自己的一张名片。不久，商场老板把史密斯叫到办公室，递给他一封信。

原来那个雨夜中邂逅的老妇人竟然是钢铁大王安德鲁·卡内基的母亲，她要求商场派史密斯去苏格兰，代表卡内基的公司去接洽一笔大生意。正是由于史密斯的敬业和对待小事的职业素养，为自己获得了一个发展的巨大契机。

一个不起眼的细节足以决定前途。多替人着想，少给人添麻烦，你就会受到机会的重点关照。不管目前从事的是什么工作，只要能做好小事、把握细节，机会就一定不少。拿做服务员来说吧，如果你嘴巴甜一点、微笑多一点、态度好一点、遇事忍一点，你的工资就会比同行的待遇高出两三倍，还可能得到领导的赏识，担当领班之类的重要职务。这就是敬业的价值。

巴顿将军对军队管理有两个与众不同的特点，其一是纪律标准十分严格，其二是对部队的着装问题十分重视。巴顿认为，着装问题与军人的风貌和战斗力息息相关。

他十分严肃地指出："稀拉兵不能打仗。"严明的纪律，威武的军容，既反映了军队的精神面貌和军事素质，又能增强将士们的自豪感和战斗力。

不论平时还是战斗期间，巴顿部队的每个战士都保持着“标准的军人姿态”：胡子刮得光光的，戴钢盔，系领带，打绑腿，皮靴擦得锃亮。每一个参观过巴顿部队的人，都能从他们的军容风纪中感受到一种强烈震撼。而这正是巴顿统领部队屡建奇功的主要原因之一。

无独有偶。

1923 年，美国福特公司的一台大型电机发生了故障，公司的工程师们一连数月都查找不出原因。后来，他们请来了移居美国的德国科学家斯坦敏茨。

斯坦敏茨用粉笔在电机的一个部位画了一条线，说：“把此处的线圈减少 16 匝，故障就可排除。”工程师们照办了，电机果然运转如常。事后，斯坦敏茨向福特公司索取 1 万美元的酬金。

有人说画一条线要 1 万美元简直是在敲竹杠！斯坦敏茨说：“粉笔画一条线，1 美元；知道在哪画线，9999 美元。”

这就是细节的价值所在！对员工来说，如果能够在细节上做到着装得体、仪容整洁、举止合适，就能够增强信心、调节情绪，还能提高工作效率。整洁的仪容最能够展现员工的自身修养、道德水平、个性特点。

泰国一家保险公司的外勤员向公司报告，在向市民进行劝说工作时，仪容整齐者比衣冠不整者，在业务成绩上要好很多。

美国白宫就对随总统出访的记者规定，必须穿正装、打领带、穿深色鞋，严禁穿网球鞋、穿牛仔裤，女性记者的裙子必须长及膝盖之下，等等。否则，就吊销其采访美国领导人出访活动的资格。可见，整洁的仪容在全世界都是受欢迎的。

长虹总裁倪润峰说："提供优质的细节服务，追求卓越的工作效率，贯穿于我们一切生产工作规范和经营活动之中。"为赢得市场、赢得人心，长虹在重视产品形象的同时，还特别重视员工的形象，特别是营销人员的形象。

他们认为，营销人员是公司形象的体现，营销人员除了有奉献精神之外，还必须做到语言文明、态度和蔼、精力充沛、衣冠整洁。对团队来说，如果整个团队都能够有着整洁的仪容、严肃的风气，那么，这个团队至少是一支有组织、有纪律、积极向上、朝气蓬勃的团队，能够得到人们的认可与支持。

不少优秀的中层干部为了展示自己团队的优秀素养，都对自己团队内员工的仪容、举止等细节做了相应要求。

《华为员工守则》就有几条这样的规定：待客热情礼貌，服务周全，维护公司形象；保持环境整洁，注意仪表、仪容；加强品德修养，倡导精神文明。

海尔的客户服务条例就规定服务人员统一着装，自带鞋套、垫布和抹布等上门服务。他们要求工作人员仪表清洁、精神饱满、面带微笑。为预防工作人员衣服脏、头发乱、胡子长等现象出现，他们严格要求员工在敲用户家门前，要首先对自己的仪容仪表进行自检，直到符合服务规范方可敲门。

环境优美的企业，工作效率可至少提高15%，工伤事故可减少40%，同时，还可以起到保健的作用，大大减少病假、旷工。

联想集团在全国众多的1+1特许专卖店，对员工仪容形象的要求是一样的，要求端庄、整洁、大方，目的就是创造良好的专卖店氛围，体现团队的良好风貌，使专卖店的员工能被顾客所信赖。他们对着装、仪表的要求十分仔细，除了勤洗澡、勤理发、勤剪指甲、不留胡须、不准浓妆艳抹等，甚至还规定女员工穿的裙子不得超过膝盖以上7厘米。

2. 干好工作的每一件小事

孟子说："天下大事，必作于细。"任何事都要从小处做起，从细微之处着手。世界上，想做大事的人很多，但愿意把小事做细的人很少；企业从来不缺少雄韬伟略的战略家，缺少的是精益求精的执行者。

优秀的员工，总会把认真精神贯彻到工作的每一件小事中。举个简单的例子，很多人都不把遵守时间当回事，在求职或者商务会面时，他们觉得晚到10分钟没什么大不了，有的甚至认为这样才能显示出"重要性"和"特别之处"。这样的毛病只会对工作有百害而无一益。

若要人敬己，先要己敬人，守时是对对方的一种尊重。不守时，会给人一种不信任感，对方会觉得你很差劲，对你留下不好的印象。

尤其在会晤重要人物或者赶赴重要会议时，不守时会直接让你痛失机会。

不仅要做到守时，更要尽量早到。早到可让你有更多的调整时间，从容面对别人，让对方感受你的自信。在这里，建议前一天晚上就安排好第二天的日程，写在纸条上以防忘记。当天提早出发，留足备用时间，宁可早到也别迟到。在商务会面时，即使早到也要选择在规定时间之前5分钟入场。

有一个故事，讲的是不同国家汽车厂的工人，在一个特定的情况下，会采取怎样的行动。当一个螺丝拧到一半时，下班铃声响起，这时候，美国人会丢下手头的工作转身回家；日本人会把螺丝卸下来，等着第二天再拧；德国人会把螺丝拧好，检查一番确定没问题后才离开。这个小事，并不能完全反映美国人、日本人和德国人在汽车工艺、性能等方面的优劣，但我们不难看出：美国员工，在工作时间之外决不会多做一点；日本员工，工作兢兢业业，但负责任的程度还不够；德国员工，满脑子以工作为中心，爱岗敬业，即使在8小时以外，也会自觉做好分内之事，这样的做法无形中就会赢得顾客和上级的心。

修建一条马路，中国人可能就只把马路铺好，其他的事情不该自己管，自己也就不再理会，等到需要铺水管或者电线的时候，再一次次地将马路挖开。德国人却不会这样，他们在修马路时，一开始就会将污水管道、水管和电线都统统铺好。这就是敬业的态度差距。

大家可能会认为，能够解决企业经营过程中各种棘手问题的人，就是最优秀的能人。实际上在问题的预防者要优于问题的解决者，虽然解决问题的人也很优秀。切勿等到错误和危害已经造成重大的损失或祸患时，才去拼命“治疗”和反省。那时候，恐怕什么都来不及了。

工作中，我们对一件小事的毫不在意，很容易造成巨大的损失。综观所有灾难、损失和浪费的产生，以及任何商业上的失败，通常都是一些看起来毫不起眼的、多数人都不会放在心上的小事疏忽所致。轻率和疏忽所造成的祸患将超乎人们的想象。

轻率与疏忽的原因是什么呢？就是对于小事不认真、不重视的态度。道路前方一颗不起眼的小石子，常能使很多人“脚下拌蒜”，这是因为你习惯于匆忙抬头走路而忽视石头的存在——这跟许多人工作中遭遇差不多，因为小事出错而遭遇大麻烦。

在美国雷曼兄弟公司没有倒闭之前，曾经发生过这样一个事故：一个交易员把一个小数点打错了位置，使得卖出去的股票数额一下子放大100倍。股票市场很快大乱，股数瞬间暴跌120点，上百家蓝筹股、高达400亿英镑的市值一下子全不见了。不用说，那个被“小数点”害了的交易员，很快便卷铺盖走人，由于让老板一夜之间损失数千万英镑，他在业内口碑差劲到找不到工作，只好无奈改行。

美国太空总署（NASA）的火星气候探测船突然失踪，后经过紧急调查，发现是有人在输入某些资料时，忘了把英制转换为公制所致。这些数据的错误，令宇宙飞船陷入到火星的大气层里，1.25亿美元的火星计划就此泡汤！

2004年2月，吉林市中百商厦发生的特大火灾，造成54人死亡、70人受伤，直接经济损失400余万元。这起严重事故的直接原因，是由一根烟头引起的：一位员工到仓库内卸下包装箱时，不慎将吸剩下的烟头掉落在地上，随意踩了两脚，并未确认烟头是否踩灭，就匆匆离开了仓库。更不幸的是，中百商厦当天的保卫科值班人员，违反单位的规章制度，擅自离开了值班室，没有在进行消防监控，也没能及时地发现火情并报警，延误了抢险的最佳时机。再加上应急疏散不利，导致许多人发生火灾后无法逃生的惨剧。

小事做不好，后果很严重。工作中真的没有小事。建筑时一个小小误差，可以使整幢大楼轰然倒塌；随意丢到地上的烟蒂，可以令整幢房屋化为灰烬；开车的司机，多喝几口酒，就可能导致一起车毁人亡的惨剧；生产线上的工人，也许就因为一点点误差，使得一批产品统统报废；销售第一线上的业务员，只说错了一句话，就导致一笔大订单擦肩而过……

以上种种，皆因做小事不到位所致。尽管只是在很小的事情上做得不到位，却造成了很严重的后果。

相反，如果在工作中处理好小事，便会取得意想不到的收获，比如下面这个故事。

“服务员，过来一下！”一个顾客高声喊道，指着面前的杯子生气地说，“你看看！你们的牛奶是坏的，把我一杯红茶糟蹋了！”

服务小姐赔笑道：“真对不起，我马上给您换一杯。”新上的一杯红茶，碟子上放着新鲜的柠檬和牛乳，跟之前的情况一模一样。

服务小姐走在顾客面前，轻声说："先生，喝红茶时如果放入柠檬和牛奶，柠檬酸会造成牛奶结块。"

顾客的脸一下子红了，不自然地喝了一口红茶。在以后的日子，这位客人经常来店里喝红茶，总是和颜悦色地与服务小姐寒暄。

3. 对小事较真，才能做好大事

中层干部必定是从认真做好一件件小事情中去落实、去执行的。

海尔集团与众不同，就是体现在一件件小事情上。比如，每一块玻璃都擦得一干二净，地板亮得像面镜子，机器设备无一丝灰尘，车间里只听见机器响动而无人声喧哗，工人走路都靠右行，员工在离开自己的座位时会将座椅推进桌洞里……

在张瑞敏来海尔之前，海尔的员工居然可以在车间里随意大小便。如此翻天覆地的变化，正是来自于张瑞敏的"把每一件简单的事做好，把每一件小事都做好"的管理思想。

张瑞敏曾批评一些中层干部说："目标定得很大，但工作不细，只在面上号召一下，浮浮夸夸，马马虎虎。失败了不知错在何处，成功了不知胜在何处，欲速则不达。"海尔著名的 OEC 管理模式其实就是强调要将小事情做好。企业和每个员工只要做好每一天的工作，就是一件大事，因为这样就能够一步步实现宏伟的战略目标。

孟子说："天下大事，必作于细。"任何大事都要从小处做起，从细微之处着手。企业从来不缺少雄韬伟略的战略家，缺少的是精益求精的执行者。

1998 年，在古井集团第一次厕所管理专题会议上，董事长王效金指出，厕所管理看起来是小事，但事情越小就越难管理。如果我们真的把厕所管好了，那么，古井管理就可说是步入现代化了。

扫天下的能力和心态，是通过持续性地扫一屋而积累和培养出来的。整天只想扫天下而不想扫一屋的人肯定没有扫天下的能力和心态，不仅天下扫不了，而且一屋也肯定扫不好。

飞龙集团 1990 年创办时，注册资金只有 75 万元，第二年就实现利润 400 万元，1992 年实现利润 6000 万元，之后连续两年利润超过两个亿。这个靠飞燕减肥茶起家、靠延生护宝液发财的民营企业，其资本积累速度绝不亚于海尔，但 1995 年赶上保健品市场下滑从此一蹶不振。

飞龙总裁姜伟经过两年时间闭门思过，给自己归纳出 20 大失误，其中一大失误就是“管理规章不实不细”。飞龙在 6 年发展中制定无数规章和纪律，规章制度已经比较完整，但大部分没有得到执行，也就是员工没有按照规章制度去认真做好。这正是小事情不认真做，将小缺点慢慢演变成了大错误，从而造成了巨大的损失。

中层干部带兵要明白这个道理：无论什么小事，都要让员工踏踏实实地去做好、做细、做精。

在海尔，就有“一块香蕉皮带来一笔生意”的故事。那是在

1996 年 9 月，黑龙江双城百货公司的张经理召集三个同行业厂家的营销员洽谈合同意向，谈完事情出门时，前两个厂的人走在前面，海尔洗衣机公司的阿维走在后面。阿维一出门就发现地上有一块香蕉皮，觉得很刺眼，又怕它会使人滑倒，就将香蕉皮拾起来扔进了墙角的纸篓里。

当天晚上 10 点，阿维就接到张经理的电话，说他要加大海尔洗衣机的进货量，让阿维尽快发货。很久以后，张经理才告诉阿维他为什么做出那个决定：商场自 1993 年开张以来，先后经销过 4 个厂家的洗衣机，比较起来还是海尔产品的质量、信誉和服务好，单是营销员的素质就不一样，比如那天地上的香蕉皮。阿维一下子明白了，那块香蕉皮成了张经理决策的主要原因之一。

为了让员工认真做好每一个产品、每一件小事，张瑞敏要求员工“每天比昨天做得更好”。他打了一个形象的比喻，把一元钱存到银行里，如果它的利率是 1%，按复利计算，到 70 天的时候，连本带利就变成两元钱。如果每天的工作都能比昨天提高 1%，70 天后工作效率就会提高一倍。因此，海尔员工每天都要把每一件小事做好。

中层干部管理企业，就要让员工将小事情一点一滴认真做好，这样企业最终会迈向成功。

第三节　思想为主：思想工作一定做通

中层带兵就要“管束”和“讲理”。管束，是让员工知道“应该做什么”和“不该做什么”；“讲理”，是让员工知道“为什么应该那么做”和“为什么不该那么做”。

这两方面结合起来，相互为用，才能充分发挥沟通工作的最大效能。

1. 思想做通了，执行才有效

中层带队伍就要“管束”和“讲理”。管束，是让下属知道“应该做什么”和“不该做什么”；“讲理”，是让下属知道“为什么应该那么做”和“为什么不该那么做”。这两方面结合起来，相互为用，才能充分发挥管理工作的最大效能。

两千多年前的名将孙武，主张把“管束”与“讲理”结合起来管理军队，他说：“故令之以文，齐之以武，是谓必取。”意思是说：“用政治道义教育士卒，用军法军纪统一步调，这样就必定胜利。”

就像拿破仑那样惯于独断专行的军事统帅，在下达命令时，也要详细解释他命令的意图，以此来增强他的指挥权力。可见，注重思想沟通、坚持以理服人是古今中外名将治军带兵的共同经验。

同样，企业里一切管理活动都是人的活动，一切管理效能都要通过人的活动才能达到。因此，中层干部带兵也是一样，首先要做好人的思想工作，讲通道理，理通了思想才通，打通了思想才能做到令行禁止，才会有自觉的行动。只有让职工明白工作的目的与意义，职工才会真正地服从与执行。

2. 多说服，少压服

中层干部做思想工作，始终要坚持以理服人，对出现细小疏忽的下属，首先摆明道理，然后严肃批评，最后表示到此为止，下不为例，不责罚，不上报，恩威并重。

中层干部做思想工作一定要做得具体、细致，有针对性，将道理讲得明明白白，才能让员工心服口服。

有一年，娃哈哈某区域市场的产品销售始终做不上去，经过调查，发现主要原因是团队问题，内部涣散不团结，无法形成协同合作的战斗力。于是公司派出一名市场总督导去解决问题。

这位领导在开会的时候，没有讲道理，更没有斥责、处罚某一员工，而是组织大家玩一个“盲阵”的游戏。游戏开始后，大家各自为政，乱成一团糟，始终完不成游戏。经过漫长的等待与争吵后，游戏者渐渐开始明白，一个团队必须统一意志、统一目标、统一行动，每个员工自觉地做到令行禁止，各负其责，团队才能顺利完成任务。

这个别开生面的游戏，让大家对于团队合作精神有了深刻的认识，自觉做批评与自我批评，每个员工都由衷地表了决心。此后该团队表现出惊人的业绩，被动的市场局面很快得以扭转，当年销售额突破3个亿。

治军先治心，思想是行动的先导。只有思想做通了，执行才能跟上，积极性才能提高。细致入微的思想工作，不是简单的奖励与惩罚的手段能够替代的。中层干部只有坚持治心为先的原则，带兵才能取得明显的效果。

海尔建厂之初，张瑞敏追求“德国制造”一样高质量的电冰箱。可当时工人就是不理解，说我们吃稀饭馒头，德国人吃黄油牛肉，人不是一个档次的，造出的东西怎么能要求一样呢？

张瑞敏反复去车间班组讲抓好质量才能兴厂、才能产业报国的道理，但这些大道理职工们理解得似是而非；张瑞敏又从每个职工的切身利益出发，给每个班组算了一笔账，说质量好了就能打开市场，企业效益火了就可以发奖金。职工们回家想了之后，感觉的确是这个道理，思想慢慢转过了弯，纷纷表示要好好干，海尔人从此开始具有了真正的质量意识。

说服式的思想工作，是企业成长壮大、以弱胜强、从胜利走向新的胜利的根本保证。

第四节　沟通有效：交流力求上通下达

在一定意义上，管理就是沟通。许多中层管理者与老板产生意见分歧的重要原因在于平时疏于沟通，而产生沟通障碍的原因在于双方的出发点不同。

李老板：我请你来，是因为我在经营上没有这么多的精力，可能也不是很专业，也就是说，我请你来希望你为企业服务，也就是为我服务，因此你要听我的想法。

王主管：我是您一个月花几万块钱请来的专业人士，如果您做决定的时候不请教我，我怎么能被称为专业人士呢？如果您想怎么做就怎么做，绕开我这个主管，那您这个钱不是白花了吗？

这样的对话，恐怕经常发生在老板和下属之间，所以，如果他们永远不沟通，误会会越来越深，最后很容易造成意见分歧而分道扬镳。解决这一问题的关键在于主动沟通。

一名成功的中层干部，首先必须取得老板的信任，在此基础上，老板才会认可其才能，才能让中层干部的专长充分发挥出来。

经常沟通，可以解除员工内心的紧张和怨恨，使他们精神舒畅。上下级在互相沟通中使双方产生共鸣和同情，增进彼此了解，改善相互的关系。

1. 中层需要掌握沟通技能

（1）汇报工作

汇报工作是指下级向上级以口头或者书面的形式陈述工作情况，是上下级进行沟通的重要途径，同时也为上级考查下级提供了一个很好的机会。作为中间的中层干部，免不了要向上级汇报工作，也免不了听取下级的汇报。所以要掌握好这方面的技巧。

向上级汇报工作时，要注意以下几点。

①遵守时间，不可失约。恪守时间观念，不要过早抵达，使上级没有准备好而难堪，也不要迟到，让上级等太久。

②轻轻敲门，经允许后才能进入，不可大大咧咧，破门而入。即使门开着，也要用适当的方式告诉上级有人来了，以使上级即时调整

好体态、心态。

③汇报时，要注意仪表、仪态，坐有坐相，站有站相，文雅大方，彬彬有礼。

④汇报口音要吐字清晰，声音大小要合适。汇报内容要实事求是，有喜报喜，有忧报忧，条理清晰。

⑤如果上级不注重礼仪，不可冲动，仍然要以礼相待。

⑥汇报结束时，如果上级谈兴犹在，不可有不耐烦的体态语产生，应等到上级表示结束时再告辞。

（2）听取汇报

中层干部在听取下级汇报时要注意以下几点。

①应该守时。如果已经约定好时间，应该准时等待，如果有可能，可以稍稍提前一下，并做好准备。

②应及时招呼汇报者入座。不可居高临下，盛气凌人，摆官架子。

应善于倾听。当下级在汇报工作时，可与之目光交流，配以点头等表示认可的肢体语言。

③应对下属在汇报中不清楚的问题及时提出来，要求汇报者重复、解释，也可适当提问，但要注意，所提的问题不至于打消汇报者的积极性。

④听取汇报时，不要频繁地看时间或者打哈欠，或者做其他不文明的举止。要求下属结束汇报时，可以通过适当的体态语或委婉的语气告诉对方，不能简单粗暴地打断。

⑤当下属告辞时，应该起身相送，并亲切告别。

（3）下指示

作为中层干部，要经常向下属下指示，可能你认为下指示不过就是下命令，这还不简单！但是真是这样吗？

王先生是某酒店客房部经理，他经常下这样的指示：

“做完房以后，一定要自检一下！”

“凡是有异常的，一个也不要放过！”

“小心检查寄存物品有没有危险品，要是有，给我挑出来！”

王先生经常下这样类似的指示，但是很多次，下属执行的结果让王先生非常气愤。他非常苦恼：为什么我说的话，他们就是不听呢？

其实，如果你以执行者的心态去想想，收到王先生这样的指示，你真的会按照指示去执行吗？执行真的能达到要求吗？

肯定不会，因为没有“听懂”指示的真正含义。自检要检查什么？从指示里听不出来。一个也不放过，不放过什么？从指示里也听不出来。如果你是下属，接到这样的指示，恐怕也是一头雾水，无从下手。

那么，怎样下指示才有效呢？一个具体的指示一定要有“5W1H”的具体内容，即：

What：做什么事？

Who：谁去做？

When：什么时候做？

Where：什么地方做？

Why：为什么要做？

How：怎样去做？

在下达指示时，还要注意以下几个问题：

①下指示时，可以用口语、电话、书面通知、托人传递等，但是能面谈的不要打电话，能打电话的不要书面通知，能书面通知的就不要托人传递。

②下指示之前，可以先从询问下属小问题开始，通过下属的回答，把握下属对所谈话题的兴趣度、理解度以后，再把你的真实意图讲出来。

③除了一些机密的情报外，要跟下属说明你下指示的原因，而且是在自己认识和理解的基础上发出的，不要只做一个“传话筒”，“这是上级的指示，我也不知道为什么，你照着办吧”。这样一来，下属的第一反应就是：“你都不知道，叫我怎么做?”

④对已经发出的指示，有时需要更正或者修改。比如，有一些对策方法，常常是发现一点，修改一点，改来改去，不改又不行，搞得下属疲于应付，此时也不加以说明，极易引发下属的不满：“天天改，说话一点都不算话!”甚至不去执行。

（4）懂得承上启下

中层干部处在老板和下属的中间，在处理问题时懂得承上启下是一项很重要的能力。具体来说，在处理领导与下属的关系时，经理一定要替老板做“恶人”，得罪下属的话要替领导说，而不是“传话筒”，将领导的话直接传达给下属，来撇清自己。

话说乾隆有一次在朝上放了个屁，台下的和珅脸就红了；乾隆很高兴，大臣们都以为是和珅放的；和珅很会为皇上“分忧解难”，深得皇上信任。

两百多年后的一天，秘书陪市长和局长参加一个会议，在电梯里，市长不小心也放了个屁，为缓解“难堪”，市长和局长都看了看秘书，这时，秘书沉不住气了，解释说：“不是我放的。”第二天，市长就把秘书给辞了，秘书不解，市长说：“你连屁大点的事都承担不了，留你何用？”

总是在下属面前做好人、让领导做恶人的中层干部是得不到领导信任的。

2. 没有沟通就没有成果

中层干部沟通时要尽量不偏不倚，对事不对人，这样才能博得团队成员的一致信任。不论有什么事，都不在背后算计人，向上级领导汇报时，也不打下属的小报告。这样，在很大程度上能处理好人际关系，完成工作任务，达成绩效目标。

假如沟通不好，就使管理混乱、效率低下。而员工得不到有效的沟通，就不能得到完全的展示，就会丧失工作的积极性。沟通在企业管理中的重要意义，可以用“没有沟通就没有成果”这样的话来解释。

沟通其实是很重要的心理需要。对于员工来说，沟通可以解除他们内心的紧张和怨恨，使他们感到精神舒畅，而且在互相沟通中使双方产生共鸣和同情，增进彼此的了解，改善相互之间的关系。

海尔认为，鼓励员工把话说出来，是最好的解决上下级矛盾的办法，如果中层干部连员工在想什么都不知道，解决问题就没有针对性。所以，海尔给每位员工都发出“合理化建议卡”，员工有什么想法，无论制度、管理、工作、生活等任何方面都可以提出来。

对合理化的建议，海尔会立即采纳并实行，对提出者还有一定的物质和精神奖励。对不适用的建议也给予积极回应，这会让员工知道自己的想法已经被考虑过，会有被尊重的感觉，更敢于说出自己的心里话。

国内外的知名公司，都把沟通当作一件非常重要的事。不论是人力资源部还是各部门经理甚至老总，他们都很乐于与员工沟通。他们在沟通的过程中听取员工的意见，了解执行情况，发现运营计划中的弱点。

微软的比尔·盖茨在公司每次发生重大事件时都要用电子邮件与全体员工交流看法，并把总部召开的会议在网上直播；通用公司的最高首脑欢迎职工随时进入他的办公室反映情况，并对职工的来信、来访进行妥善处理，公司还每年至少召开一次全员自由讨论会；在美国100家最受欢迎的公司中，有一家英格拉姆电脑批发公司，其董事长有一个专用的24小时畅通800免费电话，欢迎员工随时与他沟通；美国CDW公司首席执行官每月要同25名员工共进午餐，每位员工会收到5个贴好邮票的信封，以鼓励员工提出意见。

韦尔奇执掌通用帅印后，在调动基层员工积极性方面，采取了一项行之有效的措施。他定期组织底层员工代表开会，让公司领导能面对面地听取基层员工的意见、建议。

韦尔奇这样做的理由是：最接近工作的人最熟悉工作，同他们直接对话有助于避免官僚主义。“献计会”制度的实施不仅调动了员工的劳动积极性，而且也解决了生产经营中存在的老大难问题，降低了成本。

韦尔奇曾经说：“企业领导人的工作成效与能否同员工沟通具有成百上千倍的正效用。为此，我每天都在努力深入每个员工的内心，让他们感觉到我的存在。即使我出差在很远的地方，我也会花上16个小时与我的员工沟通。我80%的工作时间是与不同的人谈话。”韦尔奇能说出1000名高级管理人员的名字和职务，熟悉公司3000名经理的表现，可见他对沟通的重视与努力。

为什么沟通是一个中层干部在企业管理中的基本工作呢？因为要协调全体员工的思想意志，沟通是必不可少的。

3. 有效沟通，使上下达成共识

中层干部的知识、经验及观念往往比员工领先一步，所以员工对中层干部的决策不一定完全理解。这个时候，就得反复、充分地沟通，来转变员工的抵触情绪，激励员工的工作热情，使员工积极主动地工作，从而增强企业内部的凝聚力，使管理工作更富成效，企业蓬勃发展。

一个企业要想顺利开展工作，就必须上上下下、方方面面开展良好的沟通。假如员工不能领会经理、主管的意图，生产部门不能正确获得研发部门的信息，那么企业一定会乱作一团。

微软有一个“内部电子邮件系统”，无论在什么地方、什么时间，都可以和在任何地方、包括比尔·盖茨在内的任何内部成员进行联系与交谈。微软的员工认为，这是一种最直接、最方便、最迅速也最能体现尊重人性的工作沟通方式。

柯达公司进入影印机市场后，成本居高不下，几乎没有利润，而且库存问题非常严重。1984 年，查克担任影印产品事业部总经理后认为，要成为世界级的公司，就必须加强与员工的沟通。为此，他采取了五大措施：每周和直属部下开会；每月和每个部门员工代表直接沟通；每周与重要干部及最大的供应商开会；每月向员工提供直接与高层管理人沟通的机会；将简洁明快的图表张贴在员工餐厅、走廊的墙壁上，及时报告工作的进度与员工问题的回答。6 个月后，公司终于与 1500 名员工达成共识。公司状况开始出现转机，库存量减少了 50%，部门生产力平均提高 31 倍。

有效沟通，使团队成员积极讨论，相互启发，共同思考，大胆探索，迸发出神奇创意的思维火花。有效沟通，使员工对企业有着深刻的理解，他们往往能最先发现企业的问题和症结所在。有效的沟通机制使企业各阶层能分享他们的想法，并考虑付诸实施的可能性。这是企业创新的重要来源之一。

微软公司有一个非常好的文化叫“开放式交流”，它要求所有员工在任何交流或沟通的场合里都能敞开心扉，完整表达自己的观点。遇到意见不统一之时，一定要表达出来，否则公司可能错失良机。

当互联网刚出现时，很多微软的领导者不赞成花太多精力做这个“不挣钱”的技术。但是有几位技术人员，他们不断地提出他们的意见和建议，最终促成领导者改变公司经营方向，彻底支持互联网，终成正果。

第五节　相互协作：发挥“1+1>2”的力量

中国有一句古话：“千人同心，则得千人之力；万人异心，则无一人之用。”说的就是如果一千个人同心同德，就可以发挥超过一千人的力量；可是如果一万个人离心离德，恐怕连一个人的力量也比不上了。

协作的意思是“大家一起可以获得更多”。可见，“1+1>2”是协作的力量，是团队的力量。我们要相互协作，才能获得更多，不要动不动就有“这是我的，跟你没关系”或“别人的事情跟我没关系”的思想。

我们不妨想一想，在工作中，我们和谁协作了，我们的员工有没有互相协作，我们的团队有没有互相帮助？

有一种说法：欧美人打桥牌，打的是协同配合；日本人下围棋，想的是整体布局；中国人搓麻将，摆的是各自为政；武汉人斗地主，玩的是钩心斗角。

我觉得很心痛，我们中国人难道是这样吗？武汉人难道会这样吗？其实，我们中国人也是具备团队精神的。

汶川大地震后，在北京的天安门广场举行完3分钟默哀仪式后，无数的群众仍然聚集在广场上，手举着国旗，呼喊着“加油，中国！加油，四川！加油，汶川”、“坚强中国，坚强汶川”这样的口号。这代表的是13亿中国人民心中共同的声音，反映的是一种大爱和大责任。当13亿人的声音和泪水流在一起的时候，当13亿人手相牵、心相连的时候，团结和协作在那一刻体现得淋漓尽致。

可见，我们是能够团结在一起的，关键是把大家的团结精神激发出来。中层领导要把员工团结在一起，要让大家都觉得“我们是一家人”。只有这样，大家才能劲往一处使，心往一处想，拧成一股绳，互相帮助，才能战胜一切！有协作，就没有“不可能”。

团队协作应具备以下素质。

(1) 养成好习惯

在工作中，人们经常会受到人为习惯因素的影响。好的习惯常常受人尊重，会给工作带来益处；不好的习惯时而左右人们的工作，达不到预想的效果。

在团队中，每一个员工的习惯应该有所改变，与团队成员相互融合，以适应酒店发展的要求。如：要将“这是我的责任”、“这是我的工作”、“这是我的错”等思维认识形成自己的习惯，并表现在实际工作中，这样团队的精神也就有了。

（2）自动自发工作

基层员工每天按照岗位职责要求，认真完成工作任务，同时还协助部门其他成员的工作，这就体现了工作的主动性，并不是坐、等、看，事事都管理者来安排布置。

全体员工要有“不放弃、不抛弃”的精神，以主人翁的姿态，与企业同呼吸、共患难，以敢打“硬仗”的精神和敢打“胜仗”的信心，知难勇进，恪尽职守，认真做好自己的本职工作，用实际行动来支持企业战胜困难。

（3）集体荣誉感

集体凝聚力来源于集体荣誉感，是企业不断发展的促动力。企业的任务是一个人无法完成的，必须由多人协作才能完成，经历工作的配合与合作后，员工之间自然就会形成一定的信任，集体荣誉感也就更加强烈。

企业开展各项争优创先、技能竞赛和文体活动等，让员工在团队协作中感受集体的力量，进一步激发员工的集体荣誉感。

1. 扮好自己的角色

在企业内，每一个员工都要扮演好自己的角色，做好自己的分内工作，中层领导要做到公正廉明，及时做出决定，合理分配每个人的任务。每个成员既要有分工，更要有协作，要有牺牲精神，团结一心，众志成城。还要做到资源共享，每个人把自己的资源贡献出来，就是最全面宝贵的资源。

一个好的团队应该具备以下几个特性。

（1）结构平衡，角色齐全

角色齐全，才能功能齐全。一个优秀的团队，应该是实干家、信息者、协调者、监督者、推动者、凝聚者、创新者和完美主义者这八种角色的综合平衡。角色齐全了，每个人都能尽到职责并发挥出各自的优势，团队就有了战斗力。

（2）容人短处，用人所长

知人善任是每一个中层干部必须具备的基本素质。在管理自己的下属时，应该充分认识到各个角色的基本特征，容人短处，用人所长。

（3）尊重差异，实现互补

每一个员工的工作职责各有差异，工作经历、个人学历也有差异，中层干部要懂得尊重差异，并做到优势互补，才能最大限度地发挥出员工的潜能。

（4）增强弹性，主动补位

要特别注重培养团队成员的主动补位意识——即当上述八种团队角色出现欠缺时，其他团队成员应在条件许可的情况下，能够增强弹性，主动实现团队角色的转换，使团队的气质结构从整体上趋于合理，以便更好地达成团队共同的绩效目标。

2. 发挥各自的优势

大雁在飞翔的时候，一定是排成人字形轮番飞行，我先当头雁，飞累了，你再去当头雁，由于有了第一只大雁在飞，后面的大雁飞翔的阻力减轻12%，如果它们垂直地、分散地飞，那么它们到达目的地的时间及距离要增加12%。

同样的时间，人字形飞翔要多飞出12千米，这就是大雁的协作，最终产生“1+1>2”的效果。

这是经过物理学家精确计算得到的一个结果。所以你看，人要向大雁学习，学什么，当然是学习怎么协作。

这个故事告诉我们，团队协作可以发挥员工各自优势。也就是说，在团队中，员工要发挥各自优势，互相帮助，才能体现合作价值。团队协作，就是“相互借力”，要用好，要用巧。

协作体现在生活的方方面面，离开协作就根本没有现代人的生活，任何人都寸步难行。你下了班，到了吃饭时间，你要吃快餐，直接打个电话让服务员给送上来；你要出门打出租车，出租车为你服务；你的公司刚创业，不想养会计，找个记账公司，帮你把账记好……

协作的基础是交换，协作的实质是借力。用别人的劳动，用别人的资源，来为我所用，这都是协作。我们一直处在协作的氛围中，但自己没察觉、没意识到，这叫无意识。

无意识和主动意识区别很大，既然协作是这么美好的方法和手段，我为什么不主动拿来用，不把它发扬光大呢？

学会协作，用别人的大脑为你思考，用别人的机器为你生产，用别人的网络为你营销，用别人的品牌为你创造价值，用别人的钱为你挣钱。还有一点，很多人不明白，协作其实是一个积累的过程。

吴君如在一次访谈节目中回忆与周星驰的合作时谈到，她与周星驰合作电影《流氓差婆》时，还是籍籍无名的一个小演员，而周星驰自己也默默无闻。两人在拍戏间隙，常常蹲在街边，观察过往行人的动作表情，为表演做积累。靠这种持续不断的积累，他们两个人后来都获得了巨大成功，成了影视巨星。

3. 提高团队协作的技巧

作为中层干部，如何做好团队协作，怎样提高员工的团队意识和协作意识？以下是六大技巧。

（1）从自己做起，做好表率

作为中层干部，要经常问问自己："我做好协作的表率了吗？""我昨天帮助谁了？"

我们是经常这样考虑自己与他人的互相协调、互相协作，还是动不动就抱怨："这跟我有关系吗？""凭什么让小张去帮你做事，我们的事情还没有做好呢！"

都说"上梁不正下梁歪"，如果我们经常这样做，那我们还能让下属很好地协作吗？因此，从某种角度来讲，要想让团队做好协作，我们得先从自己做起，给员工树立一个好榜样。

（2）与上级一起制定和执行协作规则

如果要在团队内部倡导协作，就需要把协作当作一种文化，那么每天都应该观察自己的员工能不能协作。

为强化员工的协作意识，可以请员工讲自己协作的故事。

比如，在开早会时："小孙，我们想请你跟大家分享一下，昨天发生在你身上的协作的故事。"如果小孙讲不出来，就再给她一个任务："下次班前会还是你讲。"直到有一天，小孙能讲出来为止。

管理的意义在于，当上头重视某个问题的时候，下面的人都会重视；当上头让大家分享自己的协作故事的时候，下属就会时刻注意协作。于是，在脑子里这样询问自己："我怎么去跟别人协作?""我怎么去帮助同事和合作伙伴?"

员工的协作做得好时，一定要给予奖励和鼓励，这就要求中层干部一定要与上层管理者一起制定和执行协作的规则。如果没有这样的标准和规则，也没把它当回事，员工们会把它当回事吗?

肯德基在招聘员工时，有四个标准：以客为尊；团队协作；工作标准；工作动机。在面试员工时，肯德基把团队协作放在了第二条，由此可见，团队协作能力是肯德基的一项重要考核标准。

（3）不断要求员工相互协作

作为中层干部，如果平时不要求和督促员工协作，也不关注员工彼此之间有没有协作，那么协作标准就很难灌输下去。你帮助了别人，别人才会帮助你；你不帮助别人，别人也不会帮助你。只有相互协作，才能形成良好的协作氛围。

（4）有针对性地沟通及找到解决方案

对于一些喜欢独来独往，跟别人难以很好协作的员工，中层干部要有针对性地找他们沟通，以发现问题的原因，是他们本身就自私，还是他们不喜欢帮助别人？是团队中一直没有人帮他们，因此他们也不想帮助别人，还是团队的氛围本来就不好？

通过沟通，找出问题的根源，和解决问题的方案。一定要先了解清楚问题出在哪里，然后才能有针对性地指导员工怎样协作。

（5）营造开放的交流氛围

在团队中，一定要让成员之间彼此互通消息，营造开放的交流氛围，千万不要隐藏信息。

在很多企业，知道营业目标的永远只是中层干部，没有下属，那么，作为中层干部，要把自己和团队成员捆绑在一起，就需要让下属知道团队的目标。

比如，作为中层干部，告诉自己的下属："小李、小张、小王、小马，这个月我们班组的绩效是每天要完成2万元的营业额，我们一定要相互帮助，共同努力才能做到。"

通过这种开放式的交流，让员工提高互相协作的意识，甚至可以把2万元营业额的目标平摊到每个员工身上。这时，你会发现，员工们会互相激励，努力工作，用心地想怎么完成任务。

（6）培养员工换位思考的习惯

一个畜栏里关着一头乳牛、一只小猪和一只绵羊。一天，农夫捉住了小猪，它猛烈地抗拒，大声嚎叫，听上去撕心裂肺。

乳牛和绵羊对小猪这一强烈反应很讨厌，便说："小猪，你也太胆小了吧。我们两个经常被他捉，但是我们从来都不大呼小叫。"

小猪听了问道："难道你们不知道，他捉住你们，只是为了要你们的乳汁和毛，但是捉住我，却是要我的命啊！这能一样吗？”

在这则小故事里，乳牛和绵羊嘲笑小猪胆小，是因为它们完全是站在自己的角度在考虑被抓这个问题，所以它们完全没办法理解小猪强烈的反应。

其实，在现实生活中，我们也常犯这样的错误，总是站在自己的角度去埋怨或指责别人的错误，却不知站在自己的角度和对方的角度看到的完全是两幅景象。

现实生活中，每个人都有自己扮演的角色，活着就需要以自己的角色与各种各样的人打交道。学会换位思考能让我们与他人的交往更融洽。很多人会有这样的疑问：我们要站在对方的立场上想多久？而且对方的利益和我的利益对立，我站在对方的立场上想，是不是会影响到自己的利益？

站在对方的立场上想，并不是不考虑自己的利益，而是让对方获利的同时，自己也得到了利益，是一种共赢的思想。之所以要站在对方的立场上想，最终目的是为了达成我们的目的，换句话说，如果对方觉得我们的确考虑到了他们的需求，并使用他们可以接受的方案，他们是乐于合作的。

在海底捞，我们会发现它的氛围永远都很好，因为它的员工永远都在互相帮助、相互协作。传菜员走到前厅时，总是会注意一些问题，比如桌上有没有不用的杯子需要拿走、有没有碗碟需要更换、客人还需不需要餐巾纸、火开大了还是小了等。

可见，他们一心想的是客人需要什么、怎么帮助客人。

第六节　人性化管理：每个人都能贡献自己的力量

1. 正确对待员工抱怨

有一个有趣的现象，从古到今，在通往仕途（晋升）的道路上，越是有能力的人，越容易怀才不遇。而分析这些人怀才不遇的原因，却不难发现根子都在他们自己身上：他们抱怨并且排斥既定的游戏规则。

最典型的例子当属陶渊明。这位东晋后期的大诗人、文学家，为了养家糊口，不得不到离家乡不远的彭泽县当县令。就在他上任后的第81天，浔阳郡派遣督邮来检查公务。

该督邮粗俗傲慢，一到彭泽县就差县吏去叫县令来见他。陶渊明平时蔑视功名富贵，不肯趋炎附势，对这种假借上司名义发号施令的人很瞧不起，但也不得不去见一见，于是他马上动身。

不料县吏拦住陶渊明说："当束带迎之。"就是应当穿戴整齐、备好礼品、恭恭敬敬地去迎接督邮。陶渊明叹道："我岂能为五斗米向乡里小儿折腰。"意思是我怎能为了县令的五斗薪俸，就低声下气去向这些小人贿赂献殷勤。说完，挂冠而去，辞职归乡。

世俗地讲，迎来送往是官场的游戏规则，自古如此，人人皆知。陶渊明也并不是做不到，但因为他的心里有了抵触心理，所以他就开始排斥这种做法，最终挂冠而去。

公司也是这个样子。制度就是公司内的游戏规则，只要接受了这种游戏规则，人人都能执行到位。但如果心存抱怨，总认为制度不合理，是给自己的工作制造麻烦，那么即便是最简单的工作，也难以执行到位。

中层干部在日常工作中，经常会遇到下属员工抱怨的现象，抱怨并不都是消极的，有的抱怨带来质疑、刺激，能成为工作的动力。

正确处理好员工的抱怨，可以从以下两个方面入手：一是乐于听取下属的意见，减轻其压迫感；二是要多站在员工的立场着想，理解并帮助下属员工找出解决问题的方法，同时让下属员工明白，让员工感到交谈后有收获。

处理员工的抱怨时，必须遵循这样的原则：绝对不要在公众场合讨论员工的抱怨。假如你在讨论这些抱怨时被其他员工听到了，你会发现，本来很容易处理的问题变得复杂起来，甚至发展成为一种对峙。同时这对你的威信也是一种挑战。

在公共场合处理抱怨会影响正常的管理工作，应该去办公室或者没人的地方进行处理。

让员工放心，并告诉他，你很高兴他来找你谈这件事情，很乐意听取他的意见。在谈话中，不要使用胁迫性的词语，不要让人有压迫感。

全神贯注地倾听对方的抱怨，当员工滔滔不绝地陈述自己的抱怨时，中层干部必须评估此案例的症结之处。

2. 对下属心存感激

不少中层干部认为，在工作中，“我指挥，你们行动”是天经地义的事情，员工就应该理所当然地服从命令，努力工作。其实不然，站在员工的角度上思考，他们就应该服从命令，听指挥，努力完成任务。

但是，站在中层干部的立场上，就不应该这样看待问题，中层干部是组织大家做事的基层管理者，使命是组织大家“做”事的“成”事者。

在形式上，中层干部是在命令与指挥员工，而实际上是在求人办事，帮助自己成事，因而应该感激下属，心存感激之心，如果你没有这样的修养和心态，是不会成为优秀的中层干部的。

第五章

好执行是训练出来的

中层是企业生存和发展的关键环节。作为企业的经营者和高层领导者，理应将打造强大的中层、形成完善的中层培养体系作为工作的首要目标。中层强大，基层执行力才能强大。

第一节　伯乐相马：选好干部，用好干部

1. 好干部决定一切

得人才者得天下，这句话可以适用于任何成功组织。打仗如此，办学如此，做企业更是如此。企业的“企”字，是由上面一个“人”字和下面一个“止”字组成。对此，有人这样解释说，做企业就是要止住人才流失。人才是一个企业最重要的战略资源，是企业价值的主要创造者。

经商好比打仗，任用什么样的干部、打造怎样的中层团队，对运营成败至关重要。一个企业要想成功，就一定要选好领导人才，因为好干部决定一切。

思科（中国）公司为了招聘到优秀管理人才，舍得投入、不惜成本地全面撒网，报纸招聘广告、网站、猎头、人才招聘会都用上，即使如此，思科还觉得不够，就想到通过自己的员工举荐来招兵买马。

思科为此制定了一项特别的鼓励机制，介绍一个优秀员工来面试就给一个点数，每过一道面试关又有一个点数，如果最后被雇用还有

一笔奖金。这些点数最后累积折成对员工的海外旅游的奖励。这是思科创造性的做法，让所有员工都好比是猎头代理，将合适的优秀人才介绍到公司里面。

有人将企业里的员工分为 5 种类型：第一类是“人财”，是能够直接给公司创造财富的人；第二类是“人才”，具有某方面才能、能为公司做事；第三类是“人材”，是指有发展潜质的人；第四类是“人在”，是指那种可有可无、有他不多、没他不少的人；第五类是“人灾”，是指给企业带来麻烦和灾难的人。

企业理应重用和留住“人财”，迅速提拔“人才”，发掘和大力培养“人材”，尽量减少“人在”，坚决淘汰“人灾”。这样，才能保证中层团队有活水注入，使基层团队有孕育干部的氛围。即使某个人才自身有缺陷，只要能当好领导，企业一样会兴旺发达。知人就是选人，善任就是用人，企业必须要选好干部、用好干部。

2. 放对地方才是好干部

有一句诗说得好：“骏马能历险，犁田不如牛；坚车能载重，渡河不如舟；舍长以取短，智高难为谋；生材贵适用，慎勿多苛求。”

企业用人选干部，要用人之所长，使天资、秉性、特长不同的人在不同的领导岗位上各得其所。

正如杰克·韦尔奇说的那样：“把合适的人放在合适的位置，就是了不起的人，就能形成好的团队。”企业要发现人才的长处，有的人才不知道他的长处在什么地方，这就需要高层领导帮着他发现长处，让他向着一个目标努力，使之成功。

柳传志发现并重用杨元庆，就是最好的例证。联想集团组建时，杨元庆并不突出，且年龄也没有优势，但是柳传志慧眼识英雄发现了他，如今杨元庆带领联想集团成功实现第二次转型。

1988 年获得中国科技大学计算机专业硕士学位的杨元庆，初到联想时并没有搞研究开发，而是当起了销售人员，由于业绩突出，被誉为销售奇才。

1993 年，国际电脑冲击中国市场，民族计算机产业经历着有史以来最严重的危机。联想集团也在这一年第一次没有完成既定目标。在此关键时刻，柳传志大胆起用杨元庆担任联想微机事业部总经理。

“受命于危难之际”的杨元庆不负众望，在他及其联想团队的不懈努力和艰苦奋斗下，此后连续几年，联想电脑销量和利润增长均在 100% 以上。

1996 年，联想一举打破了国内 PC 市场多年以来被国外品牌霸踞的局面，成为中国第一品牌。为此，柳传志高兴又自豪地说：“杨元庆对联想最大的贡献之一，是他在别人看来不可能成功的地方，把 PC 做成中国第一品牌。”

任何单位里面的工作，都是由人来完成的，企业的主要成绩的创造也要由人来实现。人才是企业的根本，企业要做到慧眼识才，并给中层干部充分的用武之地。这也是决定企业最终命运的战略所在。

第二节　提拔人才：挑选优秀的团队尖兵

在企业里，每年会有员工自然流动，这会形成一定的职位空缺。

随着企业壮大，同样要求吸纳更多新员工以满足生产需求。企业要发展，关键在人才。

1. 好苗子要及时提拔

中层领导者就要适时提拔干得好的基层员工，也就是俗话说的“好苗子”。中层干部应重点寻找、培养和关注优秀基层员工，让他们成为团队不可替代的支柱。就像通用汽车公司前总裁斯隆所说：“要把我的资产抽走，只要把公司的人才留下，5 年后我将使拿走的一切失而复得。”这道出了一个公司必须依靠核心员工的真谛。

钢铁大王安德鲁·卡内基年轻的时候，曾因为找不到主管上司，冒充上司给要经过当地的列车司机发出命令，让他们立即改变轨道，避免一场重大交通事故的发生。

不过，按照当时铁路公司的规定，电报员擅自冒用上级名义发报，会遭到毫不留情的开除。第二天，上司微笑着对卡内基说：“由于我要调到公司的其他部门工作，我们已经决定由你担任这里的负责人。不是因为其他任何原因，只是因为你在正确的时机做了一个正确的选择。”

2. 做好“传帮带”，培养接班人

让新员工迅速掌握技能，是企业发展的需要。

在中国古代十大商帮之中，晋商有着独特的学徒培养体制。首先，

晋商对学徒的录用十分严格，年龄在15～20岁，五官端正，仪态大方，家世清白，此外，还要懂礼貌，善珠算，精楷书，能吃苦。其次，学徒进入商号后，商号会派年资较深者担任教师对学徒进行“传帮带”。

这包括两个方面：一是业务技术，包括珠算、习字、抄录信稿、记账、写信等，学习蒙、满、俄语，了解商品性能，熟记银两成色；二是职业道德训练，主要有重信义、除虚伪、节情欲、敦品行、贵忠诚、鄙利己、奉博爱、薄嫉恨、幸辛苦、戒奢华等。由于晋商对学徒制的“传帮带”很严格、很细致，从而培育不少商业人才，持续称霸商帮几百年。

中层干部对于新来的员工，虽然可以“招之即来”，但未必能够“来之能战”，更不要指望“战之能胜”。因此“传帮带”工作做得如何就显得尤其重要。

金山公司对新员工的培训，提出了“大学5年级”这样特殊的概念。因为现在绝大多数刚进入社会的大学生或多或少都会感到有些无所适从，而第一份工作对日后员工的发展影响非常大，会在很大程度上左右将来的职业价值取向、职业习惯和职业道德等。

有鉴于此，金山为大学毕业生提供一段衔接时间，一个从“校园”到“社会”的缓冲区，以便让毕业生们可以更平稳地过渡。通过“传帮带”，新员工认同了公司的企业文化和价值观，产生工作的激情，主动将更多的时间和精力投入到工作中。

IBM就将中层“传帮带”视为自己公司的一个绝招，这体现在他们最著名的“接班人计划”上。IBM公司里所有重要职位都有一个接班人计划：未来一年中，可以接任这项工作的是什么人？未来3～5年中，可以接任的人是谁？对于能够接任的人，IBM就找一些良师益友使他们能够迅速成长。所谓的良师益友就是公司里的老员工，通过老师傅带新人，把老师傅数十年的经验传承下来，让潜在的领导者能够挑起大梁。

英特尔公司对于人才培养的独到之处，并不亚于他们制造出来的芯片。为保持公司文化和辉煌成就的延续，英特尔采用“一带一”的手法去培养经理人。英特尔4位赫赫有名的总裁都是通过这种方法带出来的。公司CEO葛洛夫曾多次说过，任何管理者的一项关键工作就是为继任者铺路，而为继任者铺路的最好方式就是搞好“传帮带”，这样能够确保平稳过渡。

“传帮带”就是根据实际情况，按照需要去进行有针对性的帮助，从而尽快地提高新人的各种能力，让新人能尽早发挥作用。对新员工进行“传帮带”是留住员工的重要措施，它能在工作上指导、精神上鼓励、岗位职责上示范。而且，经受过传帮带的员工比没有受过传帮带的员工更关心企业，更热爱本职工作，更愿意继续留在企业工作。这就是为什么越来越多的企业对“传帮带”越来越重视的原因。

“传帮带”是一项艰苦的工作，需要下真功夫、慢功夫、细功夫，花大气力。中层干部要舍得花时间、花精力，与员工面对面地讲，手把手地带，一点一滴地教，这样才能培养出优秀的员工。

大企业一般每年都要引进一批新人，但他们进入企业后，往往待上一段时间，就会出现一个跳槽高峰期。这固然与年轻人思想不稳定、工作不踏实有一定的关系，但是企业也应该好好反思，自己的干部做好“传帮带”了吗？

海尔作为一家世界级的名牌企业，每年招录上千名大学生，但是离职率一直很低。那么，海尔是怎样对新员工做“传帮带”的呢？

海尔首先会确定待遇和条件，让新人思想稳定，接下来会举行新老员工见面会，让师兄师姐用自己的亲身经历讲述对海尔的感受，使新员工尽快客观地了解海尔。同时各部门的主管与新人面对面地沟通，解决他们心中的疑问，不回避海尔存在的问题，并鼓励他们发现问题、提出问题。

对下级搞好“传帮带”是海尔各级中层管理人员义不容辞的职责。除了前面的导入培训，海尔还要花费近一年的时间对新员工进行“传帮带”，让新人在拆机实习、部门实习、市场实习等一系列的培训中尽快成长，成为能与海尔同呼吸共命运、能为海尔添砖加瓦的一名合格的员工。

一家影视文化广告公司因为项目集中，起用了很多新人。新人由于没有工作经验，导致很多环节都出现纰漏。于是，经理将制片的工作流程、职责以及相关经验整理下来，发给每个新人，同时安排老制片对新人“传帮带”。最后，项目圆满完成。

“传帮带”还是培养员工最有效、最直接的方式，也是企业经验的分享与传承。华为从生产、市场和管理的一线抽派员工与新人进行近距离交流，采用案例教学，这样不但保证了课程的生动性，还让培训永远不与现实脱节。这就保证了企业经验的延续和管理人才的储备。

台湾环隆企业集团创始人、“鞋业大王”蔡长汀，在培养员工方面做得别出心裁。蔡长汀在长期的经营实践中，发现人才流失是很多企业的一个致命的弱点。企业花了很大的气力，用了很多钱才培养出来的人才，由于没有升迁的机会和可能，或另有更好的发展诱惑，往往使他们不顾一切地跳槽。

蔡长汀的做法就是，用自己的钱使想跳槽的员工成了股东或企业主。每当他看见有才干的人要离开时，就说：“别走了，留在环隆，我给资金，你自己干，成功了企业归你，失败了算是我出的培训费。”结果，想走的也不走了，从而更激励出企业内部的活力。

正是得益于对员工的这种特殊的鼓舞方式，环隆企业发展得十分迅速。据有关资料显示，1990 年，该企业集团年营业收入净额已高达近 14 亿元新台币。

授人以鱼，不如授人以渔。中层干部真正地做好“传帮带”这项工作，首先在思想上要爱护新人、帮助新人、扶持新人；其次，手把手地传，面对面地帮，心贴心地带。这样必定能将企业的辉煌传承下去，带出一支卓越的员工队伍。

第三节　岗位轮换：干部是折腾出来的

企业里，中层干部就是要在工作的不断变化中，找到最适合发挥作用的工作岗位。定期让中层干部在各个部门或岗位上轮流工作，能够丰富其工作经验，提高骨干的工作分析能力和沟通协调能力。同时，还可以提高内部各部门之间的团结协作，提高工作效率。

1. 让中层干部“流动”起来

让中层干部在不同部门轮流任职，这样可以让中层干部不断得到锻炼，使之成为多面手，为企业今后的发展做出更大贡献。

长期担任中国对外经济贸易合作部部长的龙永图，在中国入世谈判最困难的时候选过一位秘书。其他秘书都是做事谨慎并对领导又体贴入微的，而这个秘书与众不同，他从来不会照顾人，每次还是龙永图提醒他时间到点了。

为什么龙永图会选他当秘书呢？因为他是世贸专家，他对世贸问题研究得相当透彻。而且，即使在龙永图因为谈判艰难而脾气非常暴躁的情况下，他依然能够坚持自己的意见，经常说“老龙，你又错了”，从而避免了龙永图听不到不同的声音，这一点对谈判是至关重要的。

世贸谈判成功以后，龙永图就把这个秘书送走了。这不是龙永图过河拆桥。因为一个员工在某个特定时期，适合做某件事情，但时过境迁之后，他可能就不适合了。

企业也应该如此，清楚什么时候该用什么干部，什么时候什么人该干什么职位、带什么团队，使干部流动起来，在流动中发挥干部的作用。

2. 人才与岗位的配置得当

中层干部的成长是有规律的，其才能的增长也是有周期性的。通常一个干部在某个岗位上工作的时间以 3 ~4 年为宜，在一个岗位上工作的时间不宜过长。

经历是一种财富，让干部增加阅历，适时地让那些优秀人才进行岗位和职位轮换，对于其提高和成长大有益处，从而为企业造就更多复合型领导人才。

干部轮岗制是发展中层干部领导才能的最有效方法。很多著名的企业都在实行干部轮岗制，如华为、西门子、爱立信、柯达、海尔、联想、明基等公司。

爱普生公司是一家 1997 年才成立的公司，10 年来每年的业绩增长都在 30% 以上，最终在国内打印机市场占有率达到 40%。爱普生的飞速发展，得益于中层干部的工作轮换制度。

爱普生一般要求中层干部每两年左右轮一次岗。比如，一个中层干部先是做公关工作，之后担任市场开拓部经理，再派到武汉办事处工作一年半的时间，回来后做喷墨打印机的产品经理，干一段时间后返回公关部做经理。经过多次的轮岗，该经理对公司的所有工作都比较清楚，不仅自己的工作效率飞速提高，与其他部门合作的能力也有了提高。

联想在人力资源的管理上，推行的是“适才适岗”的管理方针，就是要做到人才和岗位的最佳配置。为此，联想有意识地在集团内进行岗位轮换，这样既有利于干部发掘潜能，找到自己最适合的岗位，也有利于人才的创造性得到发挥。

有一次，索尼的董事长盛田昭夫按照惯例与职工一起就餐、聊天，他发现一位年轻的职工郁郁寡欢，满腹心事，于是主动和这名员工攀谈。几杯酒下肚后，这个员工终于开口：“我不是在为索尼工作，而是在为科长干活，我所有的行动与建议都得科长批准，自己的一些发明与改进，科长不仅不支持，反而说我有野心。我心灰意懒，准备辞职不干了！”

这番话令盛田昭夫十分震惊，他想，类似的问题在公司内部员工中恐怕不少。作为领导者应该关心员工，让他的才能充分发挥出来，于是产生改革人事管理制度的想法。

具体方法就是允许员工“内部跳槽”：公司各部门可以发表“求人广告”，员工可以自由应聘，上司无权阻止。另外，原则上每隔两年就让员工调换一次工作，特别是对于那些精力旺盛、干劲十足的人才，不让他们被动地等待工作，而是主动给他们施展才能的机会。实行内部跳槽以后，索尼公司有能力的人才大多能找到自己较中意的岗位，人才资源得到了充分的挖掘。

不论是干部的轮岗还是员工的内部跳槽，都是为了让人才在流动中充分发挥其作用，这样真心实意地尊重干部，真真切切地爱惜人才，企业也会因此得到更多的回报。

第四节　干部储备：多提拔年轻人担担子

企业发展需要多起用年轻干部，如果不敢重用年轻人担担子，既耽误年轻人的前程，也不利于事业发展。一切成功企业都敢于重用年轻干部。

1. 干部年轻化是大势所趋

为什么要多给年轻人机会？因为年轻人有着健壮的体魄，充沛的精力，发达的智力，丰富的创造力。人的一生中，25～45 岁是创造力最旺盛的黄金时代。

从 1990 年起，联想集团就开始大量提拔和使用年轻人，几乎每年都有数十名年轻人受到提拔和重用。联想集团为那些有上进心并努力奋斗的年轻人提供了很多机会。联想电脑公司的总经理杨元庆、联想神州数码公司总经理郭为、联想科技园区的总经理陈国栋……

他们都是在 35 岁之前就被重用，掌握着几个亿，甚至几十亿营业额的决策权。

比尔·盖茨成为世界首富也是得益于重用年轻人。他说："对我来说，大部分快乐一直来自于我能聘请到有才华的人，与之一道工作。我招聘了许多比我年轻的雇员，他们个个才智超群，视野宽阔。如果能够利用他们睿智的眼光，同时广纳用户的进言，那么我们就还会继续独领风骚。"

20 世纪 80 年代中期，很多企业提拔了一大批年轻人，造就许多著名的企业以及中层干部。当时，青岛市破除了论资排辈的观念，从企业的长远发展着眼，大胆起用年轻人，海尔的张瑞敏、海信的周厚健、颐中的蒲强、澳柯玛的鲁群生都是在 35 岁左右就担负了企业的重任。

如果不给这些年轻干部机会，很难保证这些企业能够像现在这样红红火火。

2. 给年轻干部机会，就是给企业机会

企业不仅要拥有一大批有真才实学的骨干人才，更要注意人才的培养与储备，而培养年轻人，要多给年轻人立功的机会。应该说，企业应该无论什么时候都要对年轻人寄予很高的期望，并多给年轻人成长锻炼的机会。

20 世纪 80 年代，长江实业集团得以迅速发展，股价由 1984 年的 6 港元急升至 90 港元，这和李嘉诚善于发掘、大胆提拔年轻人有着很大的关系。

霍建宁 1970 年加入长江实业，出任会计主任，是长江实业管理层后起之秀的佼佼者。霍建宁有着杰出的金融头脑和非凡的分析本领。虽然他为人处世低调，但被传媒称为“浑身充满赚钱细胞的人”，所以能够参与长江实业的重大投资安排、股票发行、银行贷款和债券兑换等，而且为集团带来可观的效益。

霍建宁的才华备受李嘉诚赏识，1985 年就被委任为长江实业的董事，两年后又提升为董事局副总经理。当年，霍建宁才不过 35 岁。如此年轻就任此要职，在香港商界实为罕见。曾由李嘉诚指定为长江实业专门人才而送往英国攻读法律的周年茂，于 1983 年回港进入长江实业，并于 1985 年提拔为董事副总经理。周年茂是经营房地产的高手，特别擅长大型地产项目的发展，所以被委以重任，成为了长江实业集团房地

产发展部的主要负责人。很多大型住宅屋村的规划，都是由他具体策划落实，使得公司受益匪浅。

应该说，正是由于李嘉诚肯提拔而且会提拔年轻人，才给长江实业集团带来了新生力量，使集团能够以超大的步伐发展。

第五节　关心员工：中层干部不是铁石心肠

员工只有热爱企业，才能工作敬业。要想使员工爱企业，中层主管首先要爱员工。8 小时之内，大家一起努力干；8 小时之外，主动替员工排忧解难，照顾周到。

1. 带兵就要爱兵

“滴水之恩，涌泉相报”，中层干部关心爱护员工，员工肯定会给予足够的感激和报答。中层干部越是关心、爱护员工，员工们就会更加拼命地为企业效力。中层干部就善于利用这一传统心理，对员工“终身负责”，让员工无怨无悔地爱企业，忠于企业。

“严是带兵之道，情是带兵之本”，中层带兵需要讲真情，这样管理才有更多的人情味与更大的凝聚力。真情，就是中层干部发自内心地关爱员工，不能虚情假意，也不能假仁假义。

有些企业老板为员工也付出了不少，比如给员工出租单人宿舍、员工过生日时送蛋糕与礼品、医药费全部实报实销、每年有一定的带薪休假等。但付出了这么多，这些老板却时常抱怨没有得到应得的回报。为什么会这样呢？

原因就是这些老板“爱”员工爱得太功利了，仅仅是形式上的关心，却没有付出真心，对于这种掺了水分的爱，员工们当然不会买账。

信任、尊重和爱护员工，这是每个企业中层领导者义不容辞的责任。美国著名管理学家托马斯·彼得斯曾大声疾呼：“你怎么能一边歧视和贬低员工，一边又期待他们去关心质量和不断提高产品品质呢?”

要让员工心里有公司，公司和中层领导就必须时时惦记着员工。不要说基层员工不好管理，要问问自己身为领导，是不是真正做到了爱他们。在执行力层面，上下级关系始终是至关重要的。维持同心同德、荣辱与共的上下级关系，唯一的办法就是爱兵。

在“爱兵”的影响下，团队里将没有人争宠卖乖，基层员工的创造力和责任心都将得到充分调动，这样才能够保证企业在强手如林的市场竞争中始终保持着强大的执行力。

2. 不跟“小鬼”称兄道弟

领导是领导，下属是下属，任何时候中层干部与下属都应该保持一定距离，给下属留一些未知和威严，这有助于保持管理的公平性。

中国有句俗话：“城隍爷不与小鬼称兄弟。”作为一名中层干部，要善于把握与下属之间距离的远近亲疏。具体距离多远，需要管理者在长期的管理实践中去摸索总结。

但原则是不要和下属过分亲密，要保持一定距离，给下属一个庄重的面孔。这样会给下属留一些未知和威严，以便于分辨是非，认清人性，使自己在管理过程中能够轻松自如、游刃有余。具体来说，管理者不跟下属称兄道弟，会有以下一些好处：

（1）避免团队内耗

如果领导与某些个别下属过分亲近，必然会导致其他下属对该下属产生嫉妒心理。也会对管理者的偏向不满，甚至会由此起冲突，人为地造成团队内部的不安定气氛。与所有下属都保持一定距离，尽量不有意地去接近个别员工，可免去这些不必要的麻烦。

（2）不让自己犯错

领导与个别或者部分下属走得比较近，这些下属自然就会对领导感恩戴德，为了报答领导的“知遇之恩”，就会对领导阿谀奉承，请吃请喝，送礼行贿甚至拉领导下水。如果对下属保持庄重的态度，自然就不会发生这些事情，领导者也不会担心犯错误了。

（3）减少用人失误

管理者与下属过分亲近，就可能对自己所喜欢的下属偏爱有加，对其优点无限夸大，对其缺点视而不见。在用人的时候，就会出现“小材大用”的现象，结果往往会以失败告终。因此，著名学者杜拉克说过：“为了能确保选用适当的人员，领导与直接的下属一定要保持适当的距离。”

（4）帮助树立权威

人都有这样一种弱点，即“得寸进尺”、“蹬鼻子上脸”。领导要是跟下属走得太近了，他们就会跟你称兄道弟、哥长哥短，将江湖义气与工作态度混为一谈。很容易有恃无恐，不把其他同事放在眼里，甚至骑到领导者本人头上作威作福。

中层工作提倡“到群众中去，从群众中来”，“到群众中去”是下去了解下属的疾苦；“从群众中来”就是收集下属对工作的意见与建议，以便制定相应的政策，提高工作效率与工作业绩。但有一些领导曲解了这一有效的管理方法，整天与下属称兄道弟，纠缠在一起打牌、喝酒、K歌、打麻将，这不是走群众路线，而是沆瀣一气、同流合污。

值得指出的是，中层干部与下属之间的距离分为两种：一是心理距离。就是要在内心保持这种意识，管理者与下属还是有区别的，两者之间的关系应严格局限于良好的上下级关系中，不可超越等级；二是交往的距离。这由接触的远近、频次来表现。离得太近，接触太频繁，都有可能让下属觉得与你交往可以无所顾忌。

古人云：“临之以庄，则敬。”意思就是说，中层干部不应该和下属关系过分亲近，否则会给自己的工作带来许多麻烦，导致管理工作无法顺利进行。这样既影响自己的形象，又干扰了日常管理。正确的做法是与下属保持一定的距离，给他们一个严肃的态度，这样才有可能以公正之心来管理团队，将一碗水端平。

3. 过密的关系也会影响战斗力

其实，做任何事情，都必须把握好一个度，如果把握不好，就会出现过犹不及的问题，因为过密的同事关系也会影响团队的战斗力。

团队的战斗力来自团队的合作，但是，团队成员之间的关系如果过度紧密，却不一定能够带来团队的高效战斗力。美国匹兹堡大学的心理学和管理学教授理查德·莫兰德博士认为，是胜利导致集体更加团结，而不是团结一定能够提升集体的战斗力。

美国《纽约时报》刊登了一篇有关团队内部成员之间的关系对团

队工作效率影响的文章。该文以美国著名的扬基棒球队作为优秀团队的范例，研究后认为，团队成员过于亲密不一定能提高团队绩效，而适度松散的人际关系更利于提高团队战斗力。原因是，松散的团队比紧密的团队更有弹性。

一般而言，运动队的更衣室最能反映队伍中的一些秘密。队员对存衣柜的选择与使用可以从某种程度上体现该队的组织关系。因此，有研究者详细观察了扬基队更衣室的使用情况。结果发现，该队的明星队员基本上散落于各个角落，穿插在一般队员之中。然而就是这样一支相对松散、各自为政的球队，在美国职业棒球联赛的历史上曾经创造了一个赛季胜 114 场的纪录。

究竟是什么因素使该队具备了如此惊人的战斗力?

研究压力之下团队效能的社会科学家发现，相对分散的团队比紧密团结的团队更加有弹性，更能经受得住压力的考验。来自军队、企业以及航天等领域的研究结果也证实，如果一个团队内有一些在紧要关头对集体坚信不移的个体，那么其他内部成员之间相对宽松的关系可能蕴藏着更大的战斗力。

加州大学社会学教授加尔文·莫里奥博士的研究领域是竞争性的企业和高校中的群体行为。他发现，尽管相当多的心理学和社会学理论强调，沟通和紧密团结对组织战斗力提升有重大作用，但在许多情况下却恰恰相反。对于像棒球这样既要求个人发挥，又要求团队协作的工作，成员之间较为松散的关系更能有效对抗外界的压力，并产生大量的解决方案。

这一研究也证明，在团队内部，只强调协作而忽视竞争的关系，也会影响到团队的战斗力。确切地说，团队内部应该是竞合的关系，既要有协作，还要有竞争。当然，竞争的前提是不能损害团队的整体利益。

团队成员之间如果完全没有竞争，并不见得是件好事情。人总是有依赖性的，当团队成员之间完全没有竞争，彻底信任的时候，他们也就丧失了活力，丧失了继续奋斗的动力。

竞争会带来冲突，但只要这种冲突是良性的，是可以控制住的，中层领导就要学会利用这种冲突。一个没有任何冲突的团队，也就失去了创造性与生命力，绝对不是一支有战斗力的团队。

团队冲突过程中，坦率、热烈的沟通和各不相同的观点碰撞可以让大家开阔思路，避免群体思维，进而通过对不同意见的权衡斟酌，提高决策的质量。同时，团队成员在冲突沟通过程中可以充分交换信息，清晰地认识任务目标以及实现路径。

因此，只要处理得当，冲突并不可怕。要知道，当团队表现出来的是一片“团结和谐”、“天下太平”时，隐患可能正在暗中加剧，并可能随时爆发。因此，中层领导要洞察并找出那些可能被掩盖了的冲突；当冲突确实不存在时，也要在这种可怕的平静气氛中适时地激发一些良性冲突。

GE 公司前 CEO 杰克·韦尔奇在团队建设过程中十分重视发挥建设性冲突的积极作用。他认为开放、坦诚、建设性冲突、不分彼此是团队成员合作成功的必备要素，也是唯一的管理规则。

企业必须反对盲目的服从，尊重不同的意见，将事实摆在桌上进行讨论，让每一位员工都有表达反对意见的自由和自信。韦尔奇称此为建设性冲突的开放式辩论风格。正是这种建设性冲突培植了 GE 独特的企业文化。

而索尼公司创始人盛田昭夫则也从自己的管理实践中体会到，通过一定的途径和方式激发良性冲突，让员工表达自己的不满并发表批评意见对企业非但不是不幸，反而有利于培养上下级一体的工作关系，能使组织少冒风险。盛田昭夫在公司里鼓励大家“公开提出意见”，即使对自己的上司，也不要怕因公开提出意见而发生冲突。他认为，“不同的意见越多越好，因为最后的结论必然更为高明”，“公司犯错的风险才会减少”。

良性冲突对组织的作用首先在于它能够激发团队成员的才干和能力，也让团队成员自觉主动地不断提高水平；其次，良性冲突有利于带动团队工作的创新与改变；再次，在沟通与交流中对组织问题提供更多的诊断信息，有利于管理者做出准确决策；最后，良性冲突能够使团队成员统一目标与思想，进而同心协力、步调一致地实现团队目标。

如何管理团队内部成员之间的关系，让他们既协作又竞争，既统一又有冲突，是团队负责人关注的重点。因为稍微把握不住度，团队就可能要么发展成为团伙，要么变为一盘散沙。而不管是哪种结果，团队的战斗力都会丧失。

第六节　高薪留人：用待遇保持中层稳定

企业不能要求中层干部都是“只知道奉献而没有需求”的机器

人。想马儿跑得快，就得给马儿多吃草。

1. 待遇决定人才去留

在人事管理中，有一条著名的“海潮效应”：海水是因天体的引力而涌起，引力大则出现大潮，引力小则出现小潮，引力过弱则无潮。一个单位的待遇越好，越能够吸引人才；待遇差，就很难吸引人才；没有待遇，当然就不会有人才上门。不要因为“待遇留人”是一个老生常谈的话题就对此漠然视之。没有待遇这个基础性的东西，多数干部迟早都会一个接一个地跳槽走掉。

合理的待遇是对中层干部价值的认可、对干部实实在在的尊重，能充分调动员工的积极性，同时，也能让干部没有后顾之忧，全心全意地做好本职工作，为企业创造财富。

马斯洛认为，人有各类需求，人的行为过程就是满足需求的过程，他把人的各种需求，归纳为五个层次，即生理上的需求、安全上的需求、感情和归属上的需求、地位或受人尊重的需求、自我实现的需求。一般讲来，只有在较低级别的需求得到满足后，较高级别的需求才会发展起来。

所谓需求层次理论，是说人首先要满足生理需求，有衣服穿，有饭吃，才有心思做别的。吃饱了以后，然后要追求安全感，环境的安全也好，身体的安全也好，心理的安全也好。

“安而后能虑”，开始考虑社交的事情，有社交的需求，想交一些朋友，有朋友在一起才更有安全感，所谓“远亲不如近邻”，也可以在志同道合的朋友那里找到心理上的满足感。

在交朋友的过程中，希望得到别人的尊重，最起码有人愿意听他的观点，他在团队中是被接纳和认可的，也就是满足了尊重的需求。最后他的境界提升了，想为祖国和人民做一些贡献，为社会做些什么，为身边的人做些什么，想活得更有价值，满足了自我实现的需求。

其实马斯洛的需求层次，用我们中国的老话来说，就是“饱暖思淫欲”，这个说法不是很恰当，但说的也是需求层次。

驴子与狗结伴而行，途中发现地上有一个精致的信封。驴子捡起来，取出信纸，随口而念，内容是涉及干草、大麦、糠麸之类的。

狗听了后，急切地问：“驴大哥，快往下念，看有没有涉及肉与骨头。”

驴子把信念完了，可是信中只字未提到狗所想要的东西，狗便生气地说：“都是些无聊的东西，把它扔掉吧！”

从这个小故事中，你能得到什么启发吗？

其实道理很简单，每个人都是为了满足自己的需求而去行动，需求是人的积极性的内在源泉和取之不竭的动力。管理员工亦如此。作为酒店经理，就必须了解他们的行为动机，了解他们的真实需求。当你明白了员工的真实需求后，就比较容易理解他们的行为，能够有的放矢地激发他们的工作动机。

雪中送炭之所以能让人感动万分，原因很简单，那是因为送出去的“炭”恰是大家所需要的。试想，如果雪中送去的是“冰”或是“霜”，那还会不会令人感动呢？

或许有人会感到迷惑，人的需求有多么多，怎么样才能满足他人的需求呢？在众多的需求中，员工很注重心理需求的满足，他们渴望被信任、被尊重和被肯定。因此，酒店经理在关注员工的生理和其他需求的同时，更应该关注他们的心理需求，并采取相应办法和措施，设法满足他们的心理需求。

一个人的心理需求是其动力的最大来源，人们更注重来自心理的满足和得到被尊重、被信任和被重视的心理感觉。这种心理需求很容易产生，也很容易满足，应该在第一时间发现，并采取措施来满足它，就会产生很强的动力。否则，一旦这种心理需求变成一种心理压力，那时再满足就达不到预期的效果，反而容易适得其反。

你希望你的员工是以兢兢业业的方式来给你投票，还是以消极怠工的方式来给你投票，这完全取决于你，就看你能不能了解员工的需求，能不能有效地对员工进行感情投入。

只有你在了解员工不同层次、不同角度的需求之后，才能对他们进行有效激励。激励的形式与手段才能做到有的放矢。

给干部以良好的待遇，能够满足前几个层次的需要。人是需要精神的，但精神不能变成粮食。假如一个企业连工资都发不出，如何吸引人才、如何让干部努力工作呢?

当年张瑞敏刚到海尔的时候，首先就是私人借钱给干部和员工补发拖欠了几个月的工资。到了春节，又借钱给每个职工发了2.5公斤的带鱼。在找几个村长借钱时，村长们说，你喝一杯酒我借你一万块钱。为了给职工尽可能地多发一点儿福利待遇，张瑞敏就硬着头皮喝，喝着喝着就趴在桌子底下了。

华为为什么能吸引越来越多的优秀人才加盟呢？就是因为华为提出员工待遇应向外企看齐，以高收入吸引众多优秀的人才。华为工资之高与他们工作之拼命是成正比的，华为干部的工资要比其他公司高出很多。据说在华为公司干上5年的中层干部就有能力买游艇，华为早期那些持有股票的干部一年分红就是十几万元。

华为在提高员工工作环境上也是以“敢于花钱”出名的。1996年，华为在开发上投入了1亿多元资金，年终结算后发现节约了几千万元。任正非知道后说了一句话：“不许留下，全部用完!”开发部最后只得将开发设备全部更新一遍，换成了最好的。

华为甚至还提出“不敢花钱的干部不是好干部”、“花不了的要扣工资”等理念，鼓励员工对重点客户的投入要不惜血本，大把大把地砸钱。员工出差，除了有很高的出差补助，交通费、住宿费、通信费等都是实报实销。良好的待遇换来中层干部的忘我工作，换来了华为的高速发展，使公司、员工都受益匪浅。

“舍不得孩子套不住狼”，企业理应明白这个浅显的道理。只有舍得拿出良好的待遇，才能够吸引人、留住人，能够做到中层干部人尽其才，才尽其能，保证企业的生存与发展，创造更多的财富。

2. 待遇决定队伍含金量

明朝开国皇帝朱元璋对贪官污吏的惩罚之严，在中国历史上是登峰造极的。尽管如此，官员贪污风气最严重居然还是明朝。明朝为何会出现那样触目惊心的官吏腐败呢？为什么官员前赴后继地冒着生命危险去贪污？原因在于当时官吏的薪俸都很低，养活自己都很困难，要养活全家只有贪污索贿，除此之外，别无他法。

与朱元璋相反，清朝的雍正皇帝推行了养廉银制度，养廉银数目相当可观。官员们的钱够用了，再加上一些监管措施，使当时的官员较为廉正，史书上对此的评价很高，说“雍正一朝无贪官”。

企业在制定干部监督政策时，应该从“人是自私的”的角度出发；同样，在制定干部待遇政策的时候，也应考虑到是人都想吃饱穿暖，都有七情六欲，都希望实现干部利益最大化。

IBM公司就坚持认为，一流公司应该是工资标准、卫生福利都是一流的，这样才算一流公司。干部也会以身为一流公司的职工而感到自豪，以积极的工作热情来创造一流的业绩。IBM给干部的待遇包括基本月薪、综合补贴、奖金、浮动奖金、休假津贴、住房补贴、医疗保险、退休金、各种休假制度等。

据说，微软股价最高时，只有8个国家的国民生产总值能超过它。比尔·盖茨坦言：“取得这样的成就，是因为我请了比我更优秀的人加入到微软。为了人才，微软可以不惜一切代价。”

加州硅谷的两位计算机奇才格雷和贝尔，是在微软千方百计的说服下才终于同意为微软工作的，但他们不喜欢微软总部雷德蒙冬季的霏霏阴雨。对此，比尔·盖茨的态度是：在硅谷专门为他们建立一个研究院。

中层干部所处位置具有特殊性，在企业里面，他们面临着很尴尬的局面：在职位上下降的可能性很大，没有多大权力，却有着很大的责任，没有高层管理者的名气，工作的成就感得不到满足。

由于处于承上启下的位置，所以经常两头受气。工作主要由中层干部推动，但他们又不像高层管理者那样，有着几十万、上百万的固定年薪。在这种情况下，再不提高中层干部的待遇，是很难激发出他们的工作热情，调动其工作积极性的。

一家国际著名咨询公司对全球200家成长最快的公司跟踪调查这样一个问题：让老总们夜不成眠的事情是什么？调查结果显示，排名第一位的是“如何吸引和留住高素质的干部”。

吸引干部、留住干部，必须建立在良好待遇的基础上。唯有这样，企业才能获得稳定的中层队伍，从而提高团队的执行力。